W0023712

ANSELM GRÜN

Versäume nicht
dein Leben

Anselm Grün

Versäume nicht dein Leben

Vier-Türme-Verlag

Bibliographische Information der Deutschen Nationalbibliothek

Die Deutsche Nationalbibliothek verzeichnet diese Publikation in der Deutschen Nationalbibliographie. Detaillierte bibliographische Daten sind im Internet über http://dnb.d-nb.de abrufbar.

1. Auflage 2014
© Vier-Türme GmbH, Verlag, Münsterschwarzach 2014
Alle Rechte vorbehalten

Covergestaltung: bürosüd, München
Covermotiv: bürosüd, München
Druck und Bindung: Pustet, Regensburg
ISBN 978-3-89680-901-8

www.vier-tuerme-verlag.de

INHALT

Einleitung 6

Sich absichern 11

Der Mangel an Sinn 29

Falsch verstandene Kontemplation 47

Kreisen um sich selbst 63

Sich einrichten in der Lebensmitte 75

Alte Menschen, die nicht gelebt haben 87

Ich habe etwas versäumt 99

Psychopharmaka als Ersatz 111

Die Liebe nicht versäumen 125

Die christliche Tugend der Hoffnung 133

Zum Schluss: Weiterfahren auf dem Meer des Lebens 155

Quellen und Hinweise zum Weiterlesen 159

Einleitung

In letzter Zeit begegne ich in Gesprächen immer wieder Menschen, die ihr Leben versäumen. Vor lauter Absichern kommen sie nicht in die Gänge. Sie brauchen zuerst noch die oder jene Ausbildung, bevor sie überhaupt antreten und sich um eine Arbeitsstelle bemühen. Sie machen noch mit vierzig Jahren eine neue Ausbildung. Und sie haben noch nie richtig gearbeitet.

Es sind vor allem junge Menschen, bei denen ich den Eindruck habe, dass sie ihr Leben versäumen. Bei vielen Abiturienten spüre ich keine Aufbruchsstimmung. Ich kann mich noch erinnern, wie es war, als ich selbst Abitur gemacht habe. Es war das Jahr 1964. Ich wollte die Welt verändern. Ich wollte die Kirche verändern. Ich wollte die Botschaft Jesu in einer neuen Sprache verkünden. Leidenschaft hat mich damals angetrieben. Diese Leidenschaft vermisse ich heute bei vielen jungen Menschen. Vielmehr nehme ich da eher eine verzagte Stimmung wahr: Es ist alles so schwierig. Es fehlt der Mut, etwas in die Hand zu nehmen.

Allerdings möchte ich nicht verallgemeinern. Es gibt auch sehr viele junge Menschen, die das Leben wagen, die schon in jungen Jahren für eine Weile ins Ausland gehen und wesentlich beweglicher sind, als wir das in unserer Jugend waren. Sie haben den Mut, in Spanien, in Dänemark, in Amerika, in Asien zu studieren und für einige Jahre dort zu arbeiten. Und sie sind viel welterfahrener, als wir es damals waren.

Den eigenen Gefühlen + Wünschen trauen können + wollen + tun

Auf der anderen Seite begegne ich immer wieder auch alten Menschen, die von sich sagen: Ich habe nie gelebt. Sie betrauern ihr ungelebtes Leben. Sie haben jetzt im Alter das Gefühl, dass sie ihr Leben versäumt haben. Und sie sind oft voller Schuldgefühle und Bitterkeit, weil sie das Gefühl haben, sie hätten an sich vorbeigelebt und aus ihrem Leben nichts gemacht. Sie hätten gar nicht wirklich gelebt. Eine achtzigjährige Frau beklagte sich bei mir, dass sie noch nie selbst gelebt hat. Sie hatte sich immer nur angepasst. Und sie war traurig über diese Einsicht, dass sie nie ihren eigenen Gefühlen getraut und ihren Wünschen nachgegangen war. Dieser Frau versuchte ich zu vermitteln, dass es nie zu spät ist, mit dem Leben anzufangen. Es gilt, das zu würdigen, was sie bisher gelebt hat, auch wenn sie den Eindruck hat, dass es noch nicht das eigentliche Leben war. Aber immerhin hat sie es geschafft, achtzig Jahre alt zu werden. Sie soll wahrnehmen, was sie trotz des ungelebten Lebens doch erlebt und vielleicht auch selbst gelebt hat. Und dann soll sie auf dem Hintergrund ihres Lebens jetzt ihre persönliche Spur in diese Welt eingraben. Wenn sie jetzt zu leben anfängt, wird auch das ungelebte Leben zu einem Teil ihres Lebens und ihrer Lebendigkeit.

Als ich angefangen habe, über das Versäumen nachzudenken, dachte ich, versäumen hänge mit dem Saum, mit der Naht zusammen. Doch der Duden hat mich eines Besseren belehrt. Das Wort »säumen« mit der Bedeutung »zögern« ist unbekannten Ursprungs. Es hängt mit dem mittelhochdeutschen Wort »sumen« zusammen, das früher in Bezug auf jemanden oder etwas verwendet wurde im Sinne von: »aufhalten, abhalten, hindern, hemmen«. Daraus entstand dann das mittelhochdeutsche »versumen«. Versäumen bedeutet also: etwas ungenutzt verstreichen lassen, verpassen, jemanden vorbeigehen lassen. Und dazu gehören die Wörter »säumig« = »langsam, träge, sich verspätend« und »Säumnis« = »Verzögerung, Aufschub«.

Das Grimm'sche Wörterbuch bringt viele Redewendungen mit »Versäumen« ins Spiel. Martin Luther spricht davon, dass man Kinder und Jugendliche versäumt. Damit meint er, dass die Erwachsenen sie vernachlässigen. Und er spricht davon, dass manche ihre Jugend versäumen. Sie leben die Lebendigkeit der Jugend nicht. Sie passen sich den Erwartungen der anderen an. Luther gebraucht das Wort »versäumen« auch von Dingen oder Ereignissen. Man soll den Gottesdienst nicht versäumen, die Gnade Gottes nicht versäumen. Sonst versäumt man etwas Wesentliches in seinem Leben. Und Luther kennt Menschen, die »verseumig des guten« sind, die das Gute versäumen, verpassen und vernachlässigen und daher an sich selbst vorbeileben.

Wer eine Gelegenheit versäumt, der verpasst etwas Wichtiges. Er verpasst das Leben, weil es nicht so passt, wie er sich das vorstellt. Das Wort »verpassen« verwendete man im 17. Jahrhundert vor allem beim Kartenspiel. Es meinte, dass ich ein Spiel vorübergehen lasse, dass ich verzichte, das Spiel zu machen. Noch heute sagt man das beim Skatspielen: »Ich passe«, wenn man beim Reizen nicht mitmachen will.

Ich erlebe häufig Menschen, die das Leben versäumen, weil es einfach nicht so passt, wie sie es sich vorstellen. Aber sie können noch so lange warten, tatsächlich finden sie nie das Passende. Immer gibt es etwas auszusetzen. Und weil das Leben nicht passt, lässt man es vorübergehen. Man verzichtet darauf, das Spiel des Lebens zu spielen.

Das lateinische Wort für »säumen« heißt »tardare«. Es kommt von »tardus« = »langsam, zögerlich, dumpf, stumpfsinnig«. Tardare meint: etwas hemmen und hindern. Ich behindere letztlich die Lebendigkeit. Ich zögere, etwas in die Hand zu nehmen, und versäume damit oft mein Leben. Auch das Alte Testament kennt diese Haltung und kritisiert sie. So mahnt Jesus Sirach:

> *Zögere nicht, dich zu ihm zu bekehren,*
> *verschieb es nicht Tag um Tag!*
>
> JESUS SIRACH 5,7

Versäumen wird hier mit Aufschieben verbunden. Das ist eine Plage, die viele Menschen kennen. Sie schieben wichtige Entscheidungen auf. Sie schieben das auf, was ihnen unangenehm ist. Aber je mehr ich aufschiebe, desto größer wird der Berg, vor dem ich stehe. Und dann fange ich nie an, ihn abzutragen.

Der Mensch soll nicht zögern, aber auch Gott wird gebeten, nicht zu zögern mit seiner Hilfe. So bittet der Psalm 40 Gott: »Noli tardare!«, das heißt »Säume nicht!« Der Vers heißt vollständig:

> *Meine Hilfe und mein Retter bist du.*
> *Mein Gott, säume doch nicht!*
>
> PSALM 40,18

Beim Kurs »Erwachsen auf Kurs«, zu dem etwa siebzig junge Erwachsene über Silvester in die Abtei kamen, habe ich einen Vortrag gehalten über ihr Jahresthema »Grenzgänger«. Beim Vortrag kam ich auch darauf zu sprechen, dass ich gerade ein neues Buch schreibe. Als ich den Titel sagte: »Versäume dein Leben nicht«, da fragten sofort viele: »Wann erscheint das Buch?« Ich spürte, dass das Thema viele der jungen Erwachsenen bewegt. Die Reaktion der Kursteilnehmer hat mich bestärkt, dieses Buch zu schreiben, auch wenn ich spüre, dass es nur ein Versuch ist, ein Phänomen zu beschreiben, das ich heute bei vielen Menschen wahrnehme.

So möchte ich in diesem Buch um das Thema Versäumen kreisen. Ich möchte darlegen, was mir im Gespräch mit Menschen zu diesem Thema in den Sinn gekommen ist. Dabei möchte ich niemanden anklagen. Ich möchte nur Phänomene beschreiben, die ich beobachtet habe. Und es ist mir wichtig, auch einen Weg aufzuzeigen, wie wir wieder Mut bekommen, unser Leben zu wagen.

Diesen Weg versuche ich zu finden im Verhalten Jesu, in seiner inneren Haltung, in seinen Worten und in seinen Taten. Jesus war für mich eine kraftvolle Persönlichkeit. Er hat sein Leben wirklich gelebt. Und er hat sein Leben für uns aufs Spiel gesetzt. Er hat sich eingesetzt und seinen Einsatz mit dem Leben bezahlt. Aber gerade so ist er für uns eine Herausforderung, unser Leben zu wagen, aus der Passivität des Versäumens herauszugehen und das Leben selbst in die Hand zu nehmen.

Sich absichern

Ein japanischer Zenmeister erzählte von jungen Menschen, die zu ihm kamen, um zu überlegen, wie sie ihr Leben gestalten sollten. Er war erschrocken, als er sie reden hörte. Anstatt das Leben zu wagen und sich auf einen Beruf einzulassen, sprachen sie voller Bedenken: Die Welt ist so unsicher. Wenn ich mich auf diese Firma einlasse, wer zahlt dann meine Rente? Sie dachten jetzt, in ihren jungen Jahren schon an die Rente, anstatt sich erst einmal auf das Wagnis des Lebens einzulassen.

Das ist sicher ein extremes Beispiel. Aber ich erlebe doch bei manchen jungen Menschen ein Überwiegen der Bedenken gegenüber dem Mut, etwas zu wagen. Eine Frau erzählte mir von einem Studenten, der mit sechsundzwanzig Jahren schon eine Sterbeversicherung abgeschlossen hat, um seinen Grabplatz auf dem städtischen Friedhof zu sichern. Die Frau machte ihm Mut, er solle doch erst einmal sein Leben leben, bevor er an die Sterbeversicherung denkt. Doch er wunderte sich, dass die anderen noch keine Sterbeversicherung abgeschlossen haben. Er dachte sofort ans Ende und übersprang sein Leben.

Die Bedenken beziehen sich auf verschiedene Bereiche. Da ist einmal die Angst, nicht genügend vorbereitet zu sein für das Leben. Daher muss man zuerst noch diese oder jene Ausbildung machen. Vor lauter Angeboten, was es an guten Ausbildungsmöglichkeiten gibt, wird man nie fertig.

Ich erlebe Männer, die mit vierzig Jahren noch in der Ausbildung sind und noch nie richtig gearbeitet haben. Sie haben eine wichtige Phase in ihrem Leben übersprungen. Sie meinen, nach der Ausbildung würden sie dann richtig loslegen. Aber ich spüre in mir Bedenken, wenn ich das höre. Oft kommen diese Menschen gar nicht richtig in die Gänge. Sie sind die ständige Ausbildung und

Fortbildung so gewohnt, dass sie sich auf eine konkrete Arbeit gar nicht mehr einlassen können.

In der Betriebswirtschaft spricht man von Input und Output. Wir müssen in die Firma etwas hineinstecken, damit etwas herauskommt. Das gilt auch für unser persönliches Leben. Wir müssen lernen, etwas in uns aufzunehmen, damit dann etwas aus uns herausfließen kann. Doch bei manchen Menschen habe ich den Eindruck, dass sie sich vor lauter Input verschlucken. Sie brauchen immer noch mehr Informationen. Sie sitzen ständig am Computer und durchforschen das Internet nach interessanten Informationen. Aber vor lauter Informationen kommen sie nicht mehr dazu, selbst etwas in die Hand zu nehmen und diese Welt zu gestalten.

Ihr Durst nach immer noch mehr Wissen, Informationen und Sicherheit äußert sich auch darin, dass sie denken, sie brauchen noch diese oder jene Fortbildung. Doch ich begegne in letzter Zeit immer wieder Menschen, die vor lauter Fortbildung ihr Leben versäumen. Die Fortbildungen haben ihnen nicht geholfen, ihr Leben zum Fließen zu bringen. Ihr Leben bringt keine Frucht. Vor lauter Gießen ertrinken die Pflanzen, anstatt aufzublühen.

Nur von Informationen kann ich nicht leben. Das Leben bleibt nur im Gleichgewicht, wenn Input und Output miteinander korrespondieren. Wenn nie etwas aus mir herauskommt – oder wenn ich nur ganz wenig Energie für mein Leben aufwende –, dann blockiere ich auf die Dauer die Energie in mir selbst. Ich erlebe dann solche Menschen, wie sie ständig krank sind. Weil die Energie nicht nach außen fließen kann, wendet sie sich gegen den Menschen selbst.

Die allzu starke Absicherung hat auch ganz praktische Nachteile. Wenn Menschen zu viele Ausbildungen machen, tun sie sich beispielsweise schwer, am Arbeitsmarkt noch eine Anstellung zu finden, weil sie überqualifiziert sind. Niemand will sie nehmen, weil sie zu viele Qualifikationen erworben haben. Der Arbeitgeber hat Angst, er müsse dann für die Qualifikationen einen erhöhten

Lohn zahlen, den diese Tätigkeit nicht hergibt. Und so erreichen Menschen mit zu vielen Ausbildungen gerade das Gegenteil von dem, was sie sich vorgestellt haben. Sie finden keine Stelle und versäumen nochmals viel Zeit mit der Suche nach einer geeigneten Arbeit.

Manchmal liegt der Grund für die ständigen Fortbildungen entweder in einem übersteigerten Selbstbild oder aber in einem Mangel an Selbstvertrauen. Manche fühlen sich für die normalen Arbeiten zu gut. Sie haben ein so hohes Selbstbild, dass sie sich nicht mehr auf die Durchschnittlichkeit des Lebens einlassen können. Sie haben Angst, dass sie eine Arbeit bekommen, die auch ganz einfache Tätigkeiten verlangt. Sie fühlen sich bereits als Chefs von Abteilungen und weigern sich, erst einmal die einfachen Arbeiten zu tun, um sich auf diese Weise hochzuarbeiten. Andere brauchen eine Fortbildung nach der anderen, weil sie sich nichts zutrauen. Sie meinen, erst durch die Fortbildung würden sie befähigt, diese oder jene Arbeit zu bewältigen. Doch mit jeder Fortbildung wächst die Angst, den Anforderungen der Arbeit doch nicht gewachsen zu sein.

Ich kann eine Arbeitsstelle nur dann finden, wenn ich genügend Demut aufbringe, mich zuerst einmal auf banale Arbeiten einzulassen. Erst wenn ich mich eingelassen habe, kann ich meine Arbeit verändern, kann ich neue Ideen einbringen und zu vermeintlich »wichtigerer« Arbeit aufsteigen. Jesus formuliert das im Lukasevangelium so:

> *Wer in den kleinsten Dingen zuverlässig ist, der ist es auch in den großen, und wer bei den kleinsten Dingen Unrecht tut, der tut es auch bei den großen.*
>
> LUKAS 16,10

Jede Firma will den Mitarbeiter erst einmal in kleinen Dingen testen, bevor sie ihm größere und wichtigere Aufgaben zutrauen kann.

Andere haben Angst, dass sie von diesem konkreten Beruf oder von dieser konkreten Arbeit überfordert sind. Sie wollen sich absichern, dass sie keinen Burn-out bekommen, wenn sie diese Arbeit übernehmen. Wenn eine Arbeit ansteht, dann überlegen sie erst, was das mit ihnen macht, ob sie da nicht zu viel arbeiten müssten. Manche rechnen sofort: Das macht vierzig Prozent meines Arbeitspensums aus, das andere sechzig Prozent. Also kann ich nichts mehr dazunehmen. Sie sichern sich ab, damit sie ja nicht über ihre Grenze gefordert werden. Aber dadurch entdecken sie nie, wozu sie fähig sind. Sie stecken schon zu früh die Grenze ab, innerhalb der sie leben wollen. Und so kommen sie nie über die Grenze hinaus. Ihr Leben kreist immer innerhalb der engen Grenzen, die sie sich selbst gesetzt haben.

Was meine Grenze ist, das erkenne ich aber erst, wenn ich über diese Grenze hinausgegangen bin. Wenn ich mich zurückerinnere an die Zeit, in der ich in der Verwaltung angefangen habe: Da habe ich nicht gefragt, ob die Arbeit zu viel ist. Ich wollte einfach anpacken. Ich wollte etwas in Bewegung bringen. Ich wollte erst einmal meine Kräfte erproben, um dann irgendwann meine Grenze zu entdecken und mich auch abzugrenzen. Meine Devise war: mich zuerst auszutoben, bevor ich anfange, zu unterscheiden, was wirklich notwendig ist und was ich lieber loslassen kann. Erst wenn ich mich ausgetobt habe, kann ich in guter Weise Grenzen setzen.

Natürlich ist es wichtig, Grenzen zu setzen. Wer maßlos arbeitet, der gerät leicht in eine Überforderung und vielleicht sogar in einen Burn-out hinein. Doch wer seine Grenzen zu früh setzt, der wird nie richtig in Gang kommen. Er wird immer mit angezogener Handbremse arbeiten. Doch wer ständig bremst, kommt nur sehr schwer weiter. Er braucht zu viel Energie für das Bremsen, und dann ist es wie beim Autofahren: Diese Energie fehlt ihm beim Fahren.

Die Angst vor dem Burn-out zeigt sich bei vielen Menschen in der Dauerausrede vom Stress. Diese Menschen fühlen sich bei jeder kleinen Aufgabe schon gestresst. Anstatt sich auf eine Aufgabe einzulassen, spüren sie vorher schon den Stress, den diese Aufgabe bringen könnte. Manche stöhnen schon bei kleinen Beanspruchungen über den Stress, dem sie ausgesetzt sind. In der Psychologie spricht man heute schon von einer Stress-Hospitalisierung.

Wenn ich mich in junge Menschen hineindenke, die so sehr nach der letzten Absicherung streben, dann versuche ich, sie zu verstehen. Offensichtlich brauchen sie in dieser unsicheren Welt Sicherheit. Früher genügte es, in einer Firma anzufangen und dort gut zu arbeiten. Dann hatte man eine sichere Arbeitsstelle. Heute hat man keine Garantie, ob diese Firma überlebt oder ob sie umstrukturiert wird und der eigene Arbeitsplatz dann wegfällt. Man hat keine Sicherheit, ob man an diesem Ort bleiben kann oder aber in die ganze Welt geschickt wird, um dort zu arbeiten. Das gibt Unsicherheit nicht nur in Bezug auf die eigene Person, sondern auch auf die Familie, die man doch möglicherweise gründen möchte. Die Unsicherheit hat ja auch Auswirkungen auf die Partnerwahl, auf die Erziehung der Kinder und ihr Aufwachsen in einem guten Umfeld. Weil die Unsicherheit größer ist, wächst auch das Bedürfnis nach Sicherheit. Es ist größer, als es in meiner Jugend war.

Mein Vater ist mit fünfundzwanzig Jahren aus dem Ruhrgebiet in das katholische Bayern gezogen, ohne eine Arbeit zu haben. Er hat sich auf dem Bau durchgeschlagen und dann ein eigenes Geschäft aufgebaut. Nach dem Krieg musste er Konkurs anmelden, weil die Zahlungsmoral nach der Währungsreform schlecht war. Dann musste er sich anstrengen, das Geschäft wieder zum Laufen zu bringen. Die äußeren Bedingungen waren auch unsicher. Aber für ihn war es klar, dass er kämpfen würde. Anfang der sechziger Jahre war dieser Kampf bestanden. Dann musste er sich immer wieder einmal auf eine neue Situation am Markt einstellen.

In den fünfziger und sechziger Jahren herrschte in Deutschland Aufbruchsstimmung. Und diese Stimmung hat sich auf auch mich und meine Mitschüler ausgewirkt. Wir wollten jetzt nicht wirtschaftlich aufsteigen. Wir wollten die Welt mit neuen Ideen verändern. Und für mich und meine Mitschüler bedeutete das vor allem: die Kirche erneuern, neue Ideen in die Kirche einbringen, die Botschaft auf neue Weise verkünden. Wir hatten Lust, etwas Neues auszuprobieren. Es genügte uns nicht, nur das Bestehende weiterzuführen.

Natürlich gibt es diese Lust am Neuen und das Wagnis, sich auf Unbekanntes einzulassen, auch bei vielen jungen Leuten heute. Doch ich erlebe bei vielen Abiturienten, dass sie noch gar nicht wissen, was sie wollen. Sie blicken eher verzagt in die Zukunft. Sie wollen sich absichern. Sie zögern, ein Studium zu beginnen. Lieber wollen sie erst einmal eine Auszeit nehmen.

Wenn ich an meine Jugend zurückdenke, dann habe ich nach dem Abitur nicht an Auszeit gedacht. Ich hatte Lust, mich auf Neues einzulassen. So bin ich gleich nach dem Abitur ins Noviziat eingetreten. Da gab es ständig etwas Neues, das mich herausforderte. Und im Studium brannte ich darauf, möglichst intensiv zu studieren, um dann die Botschaft Jesu in einer neuen Sprache verkünden zu können. Ich habe mich durch die Bibliothek hindurchgearbeitet, habe moderne Philosophen studiert, obwohl ich da an die Grenze des Verstehens geriet. Aber ich wollte wissen, wie moderne Philosophen denken und wie ich die christliche Botschaft vor dem Hintergrund dieses Denkens verkündigen könnte.

Mir erzählte eine Mutter, ihr Sohn wollte nach dem Abitur ein Jahr Auszeit haben und in diesem Jahr nach Australien fliegen und sich den Kontinent anschauen. Die Mutter war damit durchaus einverstanden, meinte aber, ein solches Jahr könne und wolle sie nicht finanzieren. Sie sei bereit, ein halbes Jahr zu finanzieren, aber auch dann solle er selbst schauen, wie er dort etwas findet, wovon er leben kann. Da fing er an, seine Reise zu planen. Aber es geschah letztlich nichts. Und so sitzt er immer noch am Computer und schaut sich alles Mögliche an. Aber er hat auf diese Weise noch keinen Weg gefunden, die Auszeit gut zu planen, geschweige denn, sie anzutreten. So versäumt er seine Zeit mit Planen. Aber es geschieht nichts.

Freilich gibt es auch gegenteilige Modelle. Auch wer losgeht und etwas ausprobiert, kann sich in seiner Suche nach dem vermeintlich Perfekten verzetteln. Eine junge Frau erzählte mir, dass sie jetzt ein Jahr in Australien war. Sie hat dort auf verschiedenen Farmen gearbeitet und dann das Land angeschaut. Jetzt arbeitet sie wieder für zwei Jahre in ihrem Beruf als Krankenschwester. Aber es zieht sie wieder in die Ferne. Hier in Deutschland ist ihr alles zu eng. Allerdings hat sie während ihres Auslandsaufenthalts auch gespürt, dass Australien kein Ort für sie ist, an dem sie immer leben kann. So sucht sie nach Ländern, die ihr das Gefühl von Weite und Freiheit und zugleich von Sicherheit geben. Es war durchaus eine wagemutige junge Frau. Aber ich habe den Eindruck, dass sie vor lauter Angst, nicht den richtigen Ort auf dieser Erde zu finden, ihr Leben versäumt.

Denn das ideale Land gibt es nicht. Ich kann nicht Sicherheit und Freiheit und Weite zugleich finden. Irgendetwas ist mir immer zu eng oder zu unsicher. Die junge Frau möchte alles Mögliche ausprobieren. Aber sie möchte sich nicht festlegen. Irgendwann ist es dann zu spät, an eine Familie zu denken und sich in seinem Beruf weiterzuqualifizieren.

Nach dem Gespräch mit der jungen Frau war ich auf der einen Seite fasziniert, wie viel Mut sie hat, in die Ferne zu gehen und dort ihr Glück zu suchen. Aber ich hatte auch ein ungutes Gefühl: Wird sie ihr Leben jemals wirklich in die Hand nehmen? Was treibt sie, immer Neues zu probieren, ohne sich festzulegen, ohne sich auf etwas für längere Zeit einzulassen? Vielleicht ist es die Angst, dass das Leben zu eng wird. Diese Angst kann ich gut verstehen. Ich hatte als junger Mensch auch immer die Angst, zu verbürgerlichen. Ich wollte lebendig bleiben. Aber ich habe mich gebunden, mich auf eine Gemeinschaft eingelassen. Ich bin in die Enge gegangen, damit mein Leben so in die Weite kommt. Vor dem Abitur hatte ich Zweifel, ob die Gemeinschaft von Münsterschwarzach für mich zu eng sei. Ich war fasziniert von den Wissenschaftlern, die die Jesuiten in ihren Reihen hatten. Das hat mich angezogen. Aber dann habe ich es doch gewagt, in die Gemeinschaft von Münsterschwarzach einzutreten. Ich hatte die Hoffnung, durch sie in die weite Welt zu ziehen, möglichst weit fort, etwa nach Korea, um dort etwas zu bewegen.

Manchmal habe ich das Gefühl, dass manche Menschen so um ihre eigenen Vorstellungen vom Leben kreisen, dass sie unfähig sind, sich auf etwas Festes einzulassen. Denn dann könnten sie ja vielleicht diese oder jene Reisen nicht mehr unternehmen. Oder sie könnten nicht jedes Jahr an einem bestimmten Fest teilnehmen. Oder sie könnten nicht mehr mit den Freundinnen abends weggehen, wenn sie gerade Spaß daran haben. Ich habe den Eindruck, dass sie ihr Leben von solch äußeren Dingen abhängig machen. Und wenn sie sich nun auf eine feste Arbeit einlassen, könnte dieses Leben gestört werden. Die Arbeit, das Engagement für etwas Konkretes, stört die Unverbindlichkeit ihres Lebens, stört die Gewohnheiten, in denen sie sich eingerichtet haben. Wenn ich so etwas sehe oder höre, dann erschrecke ich oft, wie wenig flexibel solche Menschen sind. Es muss alles immer so sein, wie sie es gedacht haben, wie es ihnen gefällt. Sie versäumen ihr Leben, weil sie nicht bereit sind, sich zu binden. Jeder Weg – so sagt schon der deutsche Mystiker Johannes Tauler – geht durch einen Engpass. Und nur wenn ich mich durch den Engpass wage, wird das Leben weit. Doch viele haben Angst vor dem Engpass. Und so kommt ihr Leben nie in die Weite.

Ein anderer Aspekt, der die Menschen hindert, sich auf eine Arbeit und einen Beruf einzulassen, ist die Angst. Sie haben Angst, etwas falsch zu machen. Vielleicht ist es nicht der richtige Beruf. Hinter dieser Angst steckt oft ein falscher Perfektionismus. Ich muss den absolut richtigen Beruf für mich finden. Aber es gibt nicht den absolut richtigen Beruf. Ich muss mich begnügen mit dem Beruf, der mir am meisten liegt. Aber in jedem Beruf gibt es Routine und Ärger. Man möchte den idealen Beruf, der einem immer Spaß macht. Es ist letztlich die Weigerung, sich auf die Durchschnittlichkeit des eigenen Lebens einzulassen. Erst wenn ich mich auf einen Beruf einlasse, kann ich darin etwas ändern und Neues bewirken. Doch viele halten Ausschau nach einem idealen Beruf, den es in Wirklichkeit gar nicht gibt. Sie lassen sich nicht auf etwas Unvollkommenes ein, sondern nur auf das Vollkommene. Und so versäumen sie ihr Leben. Denn es gibt nichts Vollkommenes in unserem Leben.

Die andere Angst ist, einen Fehler zu machen, wenn ich mich auf diesen Beruf einlasse. Vielleicht grenzt er mich zu sehr ein. Vielleicht überfordert mich der Beruf. Ich muss womöglich mehr als acht Stunden am Tag arbeiten. Ich kann mich dann nicht so auf die Familie einlassen. Solche Überlegungen haben natürlich ihre Berechtigung. Ich brauche eine gesunde Balance zwischen Arbeit und Leben. Aber jeder Beruf fordert. Und erst wenn ich mich auf die Herausforderung einlasse, kann ich dafür sorgen, dass ich nicht überfordert werde. Aber die Angst vor Überforderung führt bei manchen dazu, dass sie sich gar nicht fordern lassen.

Die Antwort Jesu

Wenn ich in der Bibel nach einer Antwort auf das Sich-Absichern suche, so fallen mir zunächst Maria und Josef ein. In der Kindheitsgeschichte, wie sie uns Matthäus erzählt, geht es immer wieder darum, nicht so viel zu grübeln, sondern einfach aufzustehen und sich auf den Weg zu machen. Josef grübelt lange nach, was er mit Maria machen soll, die schwanger ist, aber nicht von ihm. Mitten in seine Überlegungen hinein kommt ein Engel im Traum zu ihm und befiehlt ihm, Maria zu sich zu nehmen. Nachdem die Sterndeuter wieder nach Hause gezogen sind, erscheint der Engel wieder im Traum und sagt zu Josef:

> *Steh auf, nimm das Kind und seine Mutter*
> *und flieh nach Ägypten.*
> MATTHÄUS 2,13

Josef steht auf und macht sich auf den Weg. In Ägypten kommt der Engel nochmals im Traum und sagt:

> *Steh auf, nimm das Kind und seine Mutter, und zieh in das*
> *Land Israel; denn die Leute, die dem Kind nach dem Leben*
> *getrachtet haben, sind tot.*
> MATTHÄUS 2,20

Im Lateinischen stehen hier die beiden Worte: »Surge et vade« = »Steh auf und geh!« In diesen beiden Worten steckt viel Kraft. Das Kind war von Herodes bedroht worden. Daher musste Josef mit dem Kind und seiner Mutter nach Ägypten ziehen, um es zu schützen. Doch jetzt ist der Zeitpunkt da, aufzustehen und sich wieder auf den Weg nach Israel zu machen. Es gibt Situationen, in denen wir uns durchaus zurückziehen sollen. Es braucht den Raum der Stille als Schutzraum, um vor den Anfeindungen der Welt geschützt zu sein. Aber es gibt viele Menschen, die aus diesem Schutzraum nicht herauskommen. Sie fühlen sich wohl, wenn sie für ein paar Tage ins Kloster gehen können, um dort einzutauchen in die spirituelle Atmosphäre des Ortes. Oder sie lieben es, täglich zu meditieren. Aber sie tun sich schwer, aufzustehen und den Weg in den Alltag zurückzugehen. Bei Josef ist es ein Engel, der im Traum erscheint. Manchmal fordert uns Gott im Traum heraus, aufzustehen und den Weg zu gehen, der uns zum Leben führt. Oft genug ist es ein innerer Impuls, dem wir zu folgen haben. Der Weg führt immer in den Alltag, in die Realität unseres Lebens.

Das griechische Wort für »steh auf« heißt: »egertheis«. Es bedeutet auch: »Wach auf!« Wir kommen oft nicht ins Leben, weil wir uns mit Illusionen eingelullt haben. Da braucht es zuerst einmal ein Aufwachen. Der indische Jesuit Antony de Mello beschreibt die Mystik als Weg, um aufzuwachen. Wir sollen zur Wirklichkeit hin aufwachen, sie so sehen, wie sie wirklich ist.

Und alle drei Worte – egertheis, surge, steh auf – haben mit der Auferstehung zu tun. Auferstehung heißt: aufstehen aus seiner Zuschauerrolle, in der wir alles besser wissen, in der wir alles beurteilen, ohne selbst den Kopf hinzuhalten. Aufstehen aus dem Grab, in dem wir uns eingerichtet haben, aufstehen aus dem Schlaf, in dem wir uns geschützt fühlen.

Aufstehen hat auch immer damit zu tun, dass ich die Verantwortung für mich übernehme. Die Bibel kennt daher für die Auferstehung zwei Worte: »anastasis« = »aufstehen« und »egerthe« = »er wurde auferweckt, aufgeweckt«. Auferstehung bedeutet also immer beides: Ich wache auf aus dem Schlaf meiner Illusionen, und ich stehe auf, hinein in das Leben.

Oft folgt dem »Steh auf« das »Geh hin«. Ich stehe auf, um mich auf einen Weg zu machen. Im Griechischen steht hier »poreuou«.

Es bedeutet: Mach dich auf den Weg. Wandere durch die Welt. Oder auch: Marschiere gegen die Feinde. Es hängt mit »poros« = »Durchgang« zusammen. Gehen heißt vor allem, es zu wagen, durch ein enges Tor zu gehen, um sich auf den Weg zu machen. Ich muss zuerst ein Hindernis überwinden, um meinen Weg gehen zu können. Josef muss zuerst über die Grenze gehen. Er muss all die Hindernisse überwinden, die sich auf dem langen Weg nach Israel in seinen Weg stellen. Er weiß, dass das keine bequeme Reise sein wird, sondern ein mühsames Sich-Hinschleppen durch dorniges Gelände, durch Wüsten und Steppen. Doch er macht sich auf den Weg. Er horcht auf den Engel, auf den Traum, auf die innere Stimme in seinem Herzen.

Jeder von uns kennt die innere Stimme seines Herzens. Doch oft folgen wir ihr nicht. Wir haben genügend Gründe, auszuweichen. Wir könnten überlegen, dass wir nicht genügend geschützt sind auf unserem Weg. Daher möchten wir lieber in Ägypten bleiben, in einem geschützten Raum, in dem uns niemand kennt. Doch der Engel sagt unmissverständlich: »Steh auf und geh! Wach auf und mach dich auf den Weg!«

In der Kindheitsgeschichte des Lukasevangeliums ist es Maria, die sich auf den Weg macht. Von ihr heißt es, nachdem ihr der Engel die Geburt des göttlichen Kindes verheißen hat:

> *Nach einigen Tagen machte sie sich auf (»anastasa«) und eilte in eine Stadt im Bergland von Judäa.*
> LUKAS 1,39

Der Engel hat ihr nicht befohlen, aufzustehen – wie er es in der Josefsgeschichte getan hat. Doch sie reagiert auf die spirituelle Erfahrung, die sie in der Begegnung mit dem Engel gemacht hat, indem sie aufsteht und sich auf den Weg macht.

Sie wagt sich hinein in das Gebirge. Es ist also kein leichter Weg. Wenn wir das Gebirge als Bild sehen, dann steht es für die

Berge von inneren Blockaden, von Einwänden, und Vorurteilen. Wir spüren den Impuls, aufzustehen und einen Besuch zu machen bei einem anderen Menschen. Aber wir haben genügend Ausreden: Der hat keine Zeit. Der Weg ist zu lang. Vielleicht ist er gar nicht daheim. Vielleicht ist es ihm eher unangenehm.

Wir kennen viele Berge, die uns abhalten, aufzustehen und uns auf den Weg zu machen. Unsere Ängste und Befürchtungen sind wie Berge, die uns hindern, den Weg zu gehen, den wir im Herzen jetzt für diesen Augenblick als angemessen spüren. Und wir errichten hohe Gedankengebäude, um uns zu rechtfertigen, dass wir jetzt nicht aufstehen und uns auf den Weg machen können. Maria, die junge Frau, die sich ohne Begleitung und ohne Schutz in das Gebirge wagt und eine dreitägige Wanderung in Kauf nimmt, ist ein Vorbild. Wir müssen nicht stark sein wie Josef. Wenn wir wie Maria dem Herzen trauen, dann sind wir geschützt auf unserem Weg. Und wir bringen – wie Maria bei Elisabeth – Segen zu anderen Menschen. Wenn wir aber nur Zuschauer bleiben im Leben, dann wird von uns auch kein Segen ausgehen.

Beim Thema »Sich absichern« fallen mir die beiden Worte Jesu ein, die er zu Menschen sagt, die ihm gerne nachfolgen möchten, doch allerlei Bedenken haben. Sie möchten ihrem inneren Impuls folgen. Sie spüren, dass er sie zum Leben führen würde. Aber der Verstand hat genügend Gründe, um den inneren Impuls zu unterdrücken oder ihm den Schwung zu nehmen. Der eine junge Mann hört den Impuls, aber er muss noch alles Mögliche vorher erledigen, bevor er dem inneren Anruf folgen kann. Er sagt:

> *Lass mich zuerst heimgehen und meinen Vater begraben.*
> LUKAS 9,59

Jesus antwortet ihm:

> Lass die Toten ihre Toten begraben; du aber geh und verkünde das Reich Gottes!
>
> LUKAS 9,60

Der Mann möchte erst alles regeln. Er möchte die Erbschaft daheim regeln. Und er möchte warten, bis der Vater stirbt. Erst dann traut er sich, seinen Weg zu gehen. Ich erlebe öfter Menschen, die mit Rücksicht auf die Eltern es nicht wagen, ihren eigenen Weg zu gehen. Es ist sicher gut, Rücksicht auf die Eltern zu nehmen. Aber die Rücksicht auf die Eltern darf nicht dazu führen, dass ich mein eigenes Leben nicht wage. Denn dann werde ich den Eltern den Vorwurf machen, dass sie mich am Leben gehindert haben. Ich darf den Eltern auch den Schmerz zumuten, mich loszulassen und mich meinen Weg gehen zu lassen.

Jesus antwortet hier mit einem drastischen Wort: »Lass die Toten ihre Toten begraben.« Das heißt für mich: All das Absichern ist nur Tod, Erstarrung. Wer leben will, muss solche Absicherungen und Versicherungen loslassen und sich auf das Leben einlassen, es ungeschützt wagen.

Ein anderer möchte von sich aus Jesus nachfolgen. Er ist begeistert von Jesus. Doch dann bremst er den inneren Schwung ab, indem er sagt:

> Ich will dir nachfolgen, Herr. Zuvor aber lass mich von meiner Familie Abschied nehmen.
>
> LUKAS 9,61

Jesus erwidert ihm:

> Keiner, der die Hand an den Pflug gelegt hat und nochmals zurückblickt, taugt für das Reich Gottes.
>
> LUKAS 9,62

Dieser junge Mann möchte seinem inneren Impuls folgen. Aber zugleich möchte er, dass seine Familie diesen Weg bestätigt. Er möchte die Zustimmung seines Umfeldes. Doch Jesus meint mit seinem bildhaften Wort: Wenn du den inneren Impuls in dir spürst, dann musst du ihm folgen und nicht erst die Zustimmung deiner Familie einholen. Der Weg, den ich meinem Inneren entsprechend gehe, kann auch einsam machen. Aber diese Einsamkeit muss ich in Kauf nehmen. Wenn ich immer nur auf die Zustimmung der anderen schaue, dann ist das, als ob ich beim Pflügen ständig zurückblicke und schaue, ob alle anderen mein Pflügen auch gut finden. Doch wenn ich beim Pflügen zurückschaue, wird die Furche krumm. Und ich werde nicht weiterkommen beim Pflügen meines Lebensackers. Damit mein Acker Frucht trägt, braucht es das beherzte Pflügen, das nur nach vorne schaut und sich nicht durch Zurückschauen die ständige Bestätigung sichern will.

Als ich noch Jugendarbeit machte, kamen öfter junge Menschen zu mir und schwärmten mir vor, was sie machen möchten. Aber die Eltern seien zu altmodisch. Die hätten kein Verständnis dafür. Ich antwortete ihnen: »Du willst deinem inneren Impuls folgen. Aber zugleich willst du, dass alle deinen Weg toll finden, dass alle dich wegen deines Weges bewundern. Du brauchst die Bestätigung der anderen, um deinen Weg gehen zu können. Wenn du überzeugt bist von deinem Weg, musst du ihn gehen, ohne ihn von allen gutheißen zu lassen.« Wenn ich meinen Weg gehe, ohne dass ihn alle bestätigen, fühle ich mich einsam. Aber diese Einsamkeit gehört zu meinem Weg. Ich kann es letztlich nur mit meinem eigenen Gewissen ausmachen, was für mich stimmt. Und dem muss ich dann folgen.

Viele versäumen ihr Leben, weil sie sich zu abhängig machen von der Meinung ihrer Umgebung. Wenn ihre Eltern oder ihre Freunde Bedenken haben, dann trauen sie sich nicht, dem eigenen Impuls zu folgen. Das fängt schon bei der Wahl des Studiums an.

Da trauen sich viele nicht, das zu studieren, was sie gerne möchten. Sie lassen sich von den Bedenken der Umgebung davon abhalten. Da hören sie dann auf Sätze wie: »Was willst du denn mit diesem Studium anfangen? Damit kannst du doch deinen Lebensunterhalt nicht verdienen. Das ist doch eine brotlose Kunst. Mach lieber etwas, was dir Sicherheit schenkt.« Der Zwang, Geld zu verdienen, ist natürlich da. Wir können nicht im luftleeren Raum leben. Aber wenn alles sofort nach dem Nutzen und dem Verdienst eingestuft wird, dann wagen die jungen Menschen nicht mehr zu träumen. Wer seine Träume verwirklicht, wird dann auch seinen Lebensunterhalt verdienen. Er wird beflügelt durch seine Träume. Nur dann hat er auch die Kraft, sich von den Höhenflügen des Studiums in das reale Leben »herabzulassen«. Aber er wird beflügelt in das Leben und in den Alltag eintauchen und nicht flügellahm sein Dasein fristen.

Der Mangel an Sinn

Ich kann das Leben nur wagen, wenn ich einen Sinn darin sehe. Viktor Frankl, der jüdische Therapeut, der sechs Konzentrationslager überlebt hat, hat erkannt, dass nur der fähig ist, schwere Situationen durchzustehen, wenn er einen Sinn in seinem Leben erkennt. Er hat sich dann sein Leben lang dem Thema »Sinn« gewidmet. Und er stellte fest, dass heute das Sinnlosigkeitsgefühl unter jungen Leuten viel stärker verbreitet ist als unter älteren Menschen. Er meinte, der Grund liege darin, dass viele Menschen die Geborgenheit in den Traditionen verloren haben. Sie fühlen sich entwurzelt. Der Baum, der in die Höhe wachsen möchte, hat keine Wurzeln. Und deshalb hat er Angst, bei jeder Bedrohung zu vertrocknen und umzufallen. Viktor Frankl meint:

> *Findet der Mensch einen Sinn, dann ist er auch bereit zu leiden, wenn es nötig sein sollte. Umgekehrt aber, wenn er um keinen Sinn des Lebens weiß, dann pfeift er aufs Leben, auch wenn es ihm äußerlich noch so gut gehen mag, und unter Umständen schmeißt er es dann eben weg.*
>
> FRANKL, DER MENSCH AUF DER SUCHE NACH SINN, S. 317

Und an einer anderen Stelle meint Frankl:

> *Sobald die Leute genug haben, wovon sie leben können, stellt sich heraus, dass sie von nichts wissen, wofür sie leben könnten.*
>
> FRANKL, DER MENSCH AUF DER SUCHE NACH SINN, S. 318

In einem Interview zu seinem neunzigsten Geburtstag zitierte Frankl empirische Forschungsergebnisse, nach denen achtzig Prozent der amerikanischen College-Studenten die Frage, ob das Leben einen Sinn habe, mit Nein beantworten. (Frankl, Die Kunst, sinnvoll zu leben, S. 25) Und er zitiert ein Wort von Friedrich Nietzsche, das er gerne immer wieder anführt:

> Wer ein Warum zu leben hat, der erträgt fast jedes Wie.
>
> FRANKL, DIE KUNST, SINNVOLL ZU LEBEN, S. 27

Den Sinn in seinem Leben zu suchen hat für Viktor Frankl mit Selbsttranszendenz zu tun. Er möchte mit Selbsttranszendenz die Tatsache beschreiben,

> dass Menschsein allemal über sich selbst hinausweist auf etwas, das nicht wieder es selbst ist – auf etwas oder auf jemanden: auf einen Sinn, den zu erfüllen es gilt, oder auf anderes menschliches Sein, dem wir da liebend begegnen. Im Dienst an einer Sache oder in der Liebe zu einer Person erfüllt der Mensch sich selbst. Je mehr er aufgeht in seiner Aufgabe, je mehr er hingegeben ist an seinen Partner, umso mehr ist er Mensch, umso mehr wird er er selbst. Sich selbst verwirklichen kann er also eigentlich nur in dem Maße, indem er sich selbst vergisst, indem er sich selbst übersieht.
>
> FRANKL, DER MENSCH AUF DER SUCHE NACH SINN, S. 14

Diese Sichtweise Frankls ist dem heutigen Kreisen um sich selbst diametral entgegengesetzt. Heute fragen wir immer, was es uns bringt. Und wir vergessen, wofür wir uns einsetzen, an wen oder was wir uns hingeben. Das egozentrische Kreisen um sich selbst entdeckt keinen Sinn im Leben. Vielleicht ist der Sinn dann nur das Vergnügen. Doch das ist kein Sinn, der uns transzendiert. Elisabeth Lukas, eine Schülerin von Viktor Frankl, hat bei Untersuchungen festgestellt, dass die existenzielle Frustration – also das Leiden an Sinnlosigkeit – bei den Besuchern des Wiener Praters,

eines Vergnügungsparks, »signifikant höher war als in der Wiener Durchschnittsbevölkerung«. (Ebd., S. 15)
Viktor Frankl zitiert Albert Einstein, der einmal meinte,

> wer sein eigenes Leben als sinnlos empfinde, der sei nicht nur unglücklich, sondern auch kaum lebensfähig.

FRANKL, DER MENSCH AUF DER SUCHE NACH SINN, S. 24

Wenn ich manchmal lebensunfähigen Menschen begegne, stelle ich mir die Frage: Liegt die Ursache für diese Lebensunfähigkeit in den Verletzungen der Kindheit, die diesen Menschen so geschädigt haben, dass er sein Leben nicht bewältigen kann? Oder ist es der Mangel an Sinn? Kann dieser Mensch für sich keinen Sinn erkennen? Und dann stellt sich die Frage, warum er keinen Sinn erkennen kann. Das hängt meines Erachtens wiederum damit zusammen, dass manche zu hohe Erwartungen an ihr Leben haben. Weil sie ihre Illusionen nicht leben können, verweigern sie das Leben. Sie sind innerlich beleidigt, dass sie in dieser brüchigen Situation leben müssen. Aber sie ringen nicht darum, ihrem beschädigten Leben einen Sinn abzugewinnen.

Als Viktor Frankl im Konzentrationslager war, hätte er auch »beleidigt« sein können, dass die aussichtsreichen Ansätze in der Psychologie, die er vorweisen konnte, vom Schicksal nicht gewürdigt wurden, sondern dass er in das fast aussichtslose KZ Auschwitz kam, bei dem die Chance zu überleben eins zu neunundzwanzig stand. Doch er hat am Sinn seines Lebens festgehalten: an der Liebe seiner Frau und an dem Werk, das Gott ihm zutraute. Und so hat er im KZ die Erfahrung gemacht,

> dass diejenigen noch am ehesten fähig waren, sogar noch solche Grenzsituationen zu überleben – diejenigen, sage ich, die ausgerichtet waren auf die Zukunft, auf eine Aufgabe, die auf sie wartete, auf einen Sinn, den sie erfüllen wollten.

FRANKL, DER MENSCH AUF DER SUCHE NACH SINN, S. 24

Wir können nicht verhindern, dass uns das Leben viele Hindernisse in den Weg stellt. Wir haben auch keine Garantie, dass uns das Leben nicht vieles nehmen kann, was für uns wichtig erscheint. Aber eines – so ist Viktor Frankl überzeugt – kann uns das Leben nicht nehmen: die Freiheit, auf das zu reagieren, was uns genommen wird. Die Gesundheit, ja sogar das Leben kann uns genommen werden. Aber die Freiheit, darauf zu reagieren, die bleibt uns. Und diese Freiheit besteht darin, dem, was uns von außen widerfährt und was scheinbar sinnlos erscheint, einen Sinn zu geben.

Jesus selbst zeigt uns, wie er selbst dem Tod, der sinnlos erscheint, einen Sinn gibt: Jesus verwandelt das, was ihm von außen her als Gewalt widerfährt, in einen Akt der Hingabe, der Liebe zu uns Menschen. Diese Umwandlung dessen, was uns widerfährt, in einen Akt der Liebe und der Hingabe ist auch für uns eine Herausforderung, allem, was unser Leben durchkreuzt, einen Sinn abzuringen.

Dass Menschen ihr Leben versäumen, hängt also oft damit zusammen, dass sie nicht wissen, wofür sie leben können, wofür es sich lohnt, sich einzusetzen. Was Viktor Frankl von der Psychologie her gesagt hat, das hat der französische Schriftsteller Antoine de Saint-Exupéry auf dichterische Weise zum Ausdruck gebracht. Für ihn ist das Wofür des Lebens wichtig. Er schreibt:

> *Du kannst nur von dem leben, was du verwandelst. Du lebst nicht von den Dingen, die in dich hineingestellt werden wie in ein Warenlager.*
>
> SAINT-EXUPÉRY, S. 124

In unseren Geist werden heute tausend Dinge hineingestellt. Aber sie bleiben unverwandelt stehen. Sie geben unserem Leben keinen Sinn. Nur das, was wir empfangen und verwandeln, gibt unserem Leben Nahrung. Und was uns nährt, das gibt uns auch Antrieb, andere zu nähren.

Eine Weise, sich dem Sinn des Lebens zu entziehen, ist das dumpfe Dahinleben. Saint-Exupéry schreibt:

> *Ich verachte die Menschen, die sich innerlich abstumpfen, um zu vergessen, oder die einen Drang ihres Herzens ersticken, um in Frieden zu leben. Denn du musst wissen, dass dich jeder unlösbare Gegensatz, jeder unheilbare Streit dazu zwingt, größer zu werden, damit du ihn in dich aufnehmen kannst.*
>
> SAINT-EXUPÉRY, S. 182f

Wir sind heute in Gefahr, abzustumpfen: einmal durch den Konsum, der uns von allen Seiten umgibt, zum anderen aber auch durch eine zu große Zahl von Sinnangeboten. Wir wissen gar nicht mehr, wofür wir uns entscheiden sollen. Und so bleiben wir draußen, beurteilen all die möglichen Ziele unseres Lebens als relativ. In allem finden wir psychologische Motivationen, die wir als ungesund durchschauen. Und da jeder, der sich begeistert, auch seine eigenen Sehnsüchte in seine Ziele hineinprojizieren könnte, lassen wir uns auf kein Projekt mehr ein, engagieren uns lieber gar nicht, aus lauter Angst, wir könnten benutzt werden. Aber dieses Relativieren aller Sinnangebote führt nur zu einem Scheinfrieden. In Wirklichkeit brodelt unter der Oberfläche unsere Sehnsucht nach einem sinnvollen Leben. Und irgendwann wird diese Sehnsucht sich zu Wort melden, entweder in unserer Psyche oder aber in unserem Leib. Und dann müssen wir darauf antworten.

Ein Grund, warum wir nicht anspringen und uns nicht für ein Ziel begeistern können, liegt in zu hohen Erwartungen an uns selbst. Wir haben große Pläne. Aber die Welt ist zu kleinkariert, als dass wir diese Pläne durchführen könnten. Wir suchen die Schuld in unserer Verweigerung in den äußeren Umständen.

Diesen Grund hat schon im Jahr 1930 Ludwig von Hertling in seinem Lehrbuch der aszetischen Theologie beschrieben. Er schreibt davon, dass wir von Natur aus dazu neigen, unsere Ziele zu hoch zu stecken. Und da wir zugleich eine Scheu vor zu großen Anstrengungen haben, suchen wir Abkürzungswege zu diesem Ziel. Doch mit diesen Abkürzungswegen weichen wir vor den Forderungen des Lebens zurück. Mit der Abkürzung erreichen wir nicht das eigentliche Ziel, sondern nur ein Scheinziel.

Von Hertling zählt verschiedene Beispiele für solche Abkürzungsverfahren auf. Da ist ein Student, der von seinem Können überzeugt ist. Er wird auf jeden Fall seine Prüfungen glänzend bestehen. Doch gleichzeitig zweifelt er an seinem Können. Und so kommen ihm unverschuldete Hindernisse wie Kopfweh, Übermüdung oder der Lärm der Mitbewohner in die Quere. Sie sind schuld, dass er seine Prüfung gar nicht antritt. Er hat nur ein Scheinziel erreicht, anstatt den mühevollen Weg in die Realität zu gehen. Das Scheinziel besteht darin, dass er an seiner Illusion festhalten kann, ein exzellenter Student zu sein. Die anderen sind schuld daran, dass er sein Können nicht beweisen kann.

Ein anderes Beispiel ist ein Ordensmann, der in der Seelsorge nur mäßigen Erfolg hat. Da er sich als begnadeten Seelsorger einschätzt, sucht er die Gründe für den mangelnden Erfolg in äußeren Umständen: in der Enge seiner Oberen, in der Borniertheit der Pfarreimitglieder oder in der Antiquiertheit der Ordensregeln. Auch er erreicht nur ein Scheinziel:

> *das Bewusstsein, dass er die größten Erfolge hätte, wenn sich nicht die ganze Mitwelt gegen ihn verschworen hätte.*
> VON HERTLING, S. 123f

Der Ordensmann reagiert mit Verbitterung und schiebt den Grund auf die Umstände. Doch eigentlich hat er

> seine Verbitterung selbst erzeugt, weil er sie braucht, um seine Lebenslüge aufrechtzuerhalten.
>
> VON HERTLING, S. 124

Solchen Menschen, die sich hohe Ideale setzen, um sich vor der Realität zu drücken und ihr mangelndes Engagement zu begründen, ruft der schlesische Dichter Angelus Silesius zu:

> Ach, Mensch, versäum dich nicht,
> es liegt an dir allein.
> Spring auf durch Gott,
> du kannst der Größt' im Himmel sein.

Angelus Silesius lässt die äußeren Umstände, die wir für unsere Lebensverweigerung anführen, nicht gelten. Er sagt: Es ist liegt an dir allein. Und die Lösung, die er angibt: »Spring auf durch Gott!« Das heißt für mich: Schau nicht auf die äußeren Umstände, die dein Engagement erschweren könnte. Schau auf Gott. Und im Vertrauen auf Gott spring einfach, wage den Sprung in das Leben, in den Einsatz für deine Ziele. Wir sollen nicht nur aufschauen zu Gott, sondern durch Gott springen. Das könnte meinen: durch Gottes Hilfe. Es könnte aber auch bedeuten: indem ich durch Gott hindurchspringe, lande ich in der Realität dieser Welt. Durch Gott hindurch sehe ich die Realität dieser Welt mit anderen Augen. Dann hindern mich nicht mehr die kleinkarierten Mitbürger oder Mitbrüder an meinem Engagement. In Gott erkenne ich, dass es allein an mir liegt, zu springen oder lieber im bequemen Sessel des ewigen Zuschauers sitzen zu bleiben.

Ich habe mit einem jungen Mann gesprochen, der das Gymnasium in der elften Klasse abgebrochen hat, danach eine Elektrikerlehre und anschließend eine Gärtnerlehre jeweils nach einem Jahr abgebrochen hat. Auf meine Frage, warum er alles abgebrochen habe, antwortete er: »Die Lehrer waren blöd, der Lehrherr war blöd, und die ganze Gärtnerei war blöd.« Als ich ihn fragte, was er werden wollte, meinte er: »Sportjournalist im Fernsehen, aber nur für Autorennen.« Ich antwortete ihm: »Auch das Fernsehen ist eine raue Welt. Da muss man auch kämpfen. Du musst dich entscheiden, ob du immer im Nest deiner Mutter sitzen bleibst und die ganze Welt anklagst, dass sie dir, dem genial begabten jungen Mann, nicht die Chance gibt, seine Fähigkeiten zu beweisen, oder ob du hinausspringst und kämpfst. Und wenn du kämpfst, dann wirst du verletzt werden. Es gibt kein Leben ohne Verletzungen.«

Doch manche bleiben lieber im Nest sitzen und klagen die Welt an, dass sie ihnen nicht die Gelegenheit gibt, die eigenen Träume zu verwirklichen. Wir sind heute eine Generation der Zuschauer. Die Zuschauer wissen immer besser, wie die Spieler auf dem Sportplatz oder auf der Theaterbühne spielen sollen. Aber sie springen nicht selbst auf die Bühne oder auf den Sportplatz, um ihrerseits den Kopf hinzuhalten. Zuschauer versäumen ihr Leben. Sie schauen nur zu, aber sie spielen nicht mit im großen Spiel des Lebens.

Papst Franziskus hat in seiner Ansprache an die Studenten römischer Universitäten am Samstag vor dem ersten Adventssonntag im Jahr 2013 den Studenten gegenüber dieses Bild des Zuschauers gebraucht. Er rief ihnen zu:

> Bitte: Schaut euch das Leben nicht vom Balkon aus an! Mischt euch ein – dort, wo die Herausforderungen sind, wo ihr um Hilfe gebeten werdet, um das Leben voranzubringen, die Entwicklung, den Kampf für die Würde der Menschen und den Kampf gegen die Armut, den Kampf für die Werte und all die anderen Herausforderungen, die uns jeden Tag begegnen.
>
> WWW.ZENIT.ORG, ARTIKEL VOM 3.12.2013

Der Papst fühlt sich in die Studenten ein. Er spricht davon, dass der Alltag der Studenten oft schwierig sei. Aber dann sagt er: »Wer keine Herausforderungen annimmt, lebt nicht.« Und er appelliert an die Studenten, sich ihre jugendliche Begeisterung nicht rauben zu lassen. Sie sollten vielmehr Projekte auf lange Sicht hin entwickeln, die über die herkömmlichen Lösungsansätze hinausgingen. Und dann gibt er eine theologische Begründung: Wer sich und seine Fähigkeiten mit der Kraft des Heiligen Geistes verbindet, der bleibt nicht Zuschauer, sondern wird zum Gestalter des Geschehens.

Die Antwort Jesu

Heute fragen sich viele: Was tut mir gut? Wie werde ich glücklich? Was macht mich glücklich? Solche Fragen kreisen immer um das eigene Wohlbefinden. Das Paradox ist jedoch, dass die, die ständig um ihr Glück kreisen, am wenigsten glücklich werden. Denn sie erwarten das Glück von äußeren Bedingungen. Die Erfahrung zeigt, dass die am glücklichsten sind, die sich selbst vergessen können, die sich auf andere einlassen, die andere glücklich machen. Das meint Viktor Frankl, wenn er vom Sinn spricht: etwas, für das ich mich einsetze, bei dem ich mich selbst vergesse, etwas, das über mich hinausweist.

Die Bibel würde diesen Sinn, der größer ist als wir selbst, als Sendung bezeichnen. Der Mensch hat eine Sendung, einen Auftrag. Jesus sendet seine Jünger in die Welt. Er gibt ihnen nicht den Auftrag, dass es ihnen gut gehen soll und sie für sich selbst sorgen sollen. Er sendet sie vielmehr hinaus in die Welt, weil sie eine Botschaft zu verkünden haben. Auf diesem Weg sollen sie auch auf sich schauen und sich nicht überfordern. Wenn sie ein Haus nicht aufnimmt, so sollen sie weggehen und den Staub von ihren Füßen schütteln. (Vgl. Matthäus 10,14)

Aber das Erste ist nicht die Sorge für sich selbst, sondern der Auftrag, zu dem Jesus seine Jünger aussendet. Es geht nicht darum, immer nur zu fragen, wie es mir geht, sondern vielmehr: Was ist meine Sendung? Was ist mein Auftrag in dieser Welt? Was möchte ich in dieser Welt bewirken? Wozu fühle ich mich gesandt?

Jesus sendet seine Jünger aus mit dem Auftrag:

> Geht zu den verlorenen Schafen des Hauses Israel. Geht und verkündet: Das Himmelreich ist nahe. Heilt Kranke, weckt Tote auf, macht Aussätzige rein, treibt Dämonen aus! Umsonst habt ihr empfangen, umsonst sollt ihr geben.
>
> MATTHÄUS 10,5–8

Nicht jeder ist zum Arzt oder Therapeuten berufen, nicht jeder zum Propheten oder Seelsorger. Aber etwas von diesem Sendungsauftrag steckt in jedem von uns. Wir leben nicht einfach nur in der Welt, um uns dort gut einzurichten. Wir sind auch gesandt. Wir sind zu denen gesandt, die sich verloren haben. Wenn wir uns selbst gefunden haben, wenn wir mit unserer Mitte in Berührung gekommen sind, dann sollen wir uns darin nicht ausruhen, sondern zu denen gehen, die sich verloren haben, die ihre Mitte, ihre Ideale, ihre Kraft, ihre Begeisterung verloren haben. Unser Auftrag besteht darin, hinzugehen und uns auf den Weg zu machen und den Menschen, denen wir begegnen, zu verkünden: »Das Himmelreich ist nahe.« Die Verkündigung geschieht nicht nur durch Worte, sondern durch unsere Ausstrahlung. Wir sollten etwas davon vermitteln, dass wir uns von Gott leiten lassen und nicht vom eigenen Ego, dass Gott in uns herrscht und nicht unsere eigenen Bedürfnisse, unser Bedürfnis nach Anerkennung und Bestätigung oder unser Bedürfnis nach Macht und Grandiosität.

Wir würden heute wohl andere Worte benutzen, als Jesus sie den Jüngern in den Mund legt. Denn heute würden die Menschen kaum verstehen, wenn wir ihnen sagen würden: »Das Himmelreich ist nahe.« Aber wir können ihnen sagen, wie sie zu ihrem wahren Selbst finden, zu ihrer inneren Freiheit, wie das Leben erst gelingt, wenn wir Gott in unser Herz eintreten und ihn darin herrschen lassen. Wir könnten den Auftrag auch allgemeiner fassen: Unsere Sendung besteht darin, den Menschen auf ihrem Weg der Selbstwerdung zu helfen, ihnen ihren Weg zu deuten und zu erklären und sie zugleich zu ermutigen, dass sie den Weg zu sich selbst finden können, weil Gott den Weg zu uns gefunden hat.

Der Auftrag, Kranke zu heilen, Tote aufzuwecken, Aussätzige rein zu machen und Dämonen auszutreiben, könnte folgende Formen für uns annehmen: Unsere Sendung besteht nicht darin, möglichst viel Geld zu verdienen oder möglichst hoch auf der Karriereleiter zu klettern. Von uns soll vielmehr etwas Heilendes ausgehen, etwas, was den Menschen Mut macht, sich mit ihrer Vergangenheit auszusöhnen. Unsere Sendung besteht einmal darin, selbst heil zu werden, aber dieses Heilende auch weiterzugeben. Wenn jemand im Gespräch mit uns sagt: Das hat mir jetzt gutgetan, jetzt sehe ich klarer, dann tut das auch uns gut. Dann erfahren wir in diesem Augenblick Glück. Weil wir unserer Sendung treu geblieben sind, fühlen wir uns glücklich. Wir können keine Toten im wörtlichen Sinn auferwecken. Aber unsere Sendung besteht auch darin, dem Leben zu dienen. Das Leben dort wieder aufzuwecken, wo es erstarrt ist, damit es aufblüht. Wir selbst blühen auf, wenn es um uns herum blüht. Unser Auftrag ist gleichsam der eines Gärtners, der die Blumen zum Blühen bringt.

Aussätzige rein machen, das würde für uns heute heißen: Menschen anzunehmen, die sich selbst nicht annehmen können. Es ist nicht immer einfach, aussätzige Menschen zu berühren. Wir ekeln uns davor. Wir möchten uns vor Menschen schützen, die unzufrieden sind mit sich selbst, die sich selbst nicht annehmen können und lieber darüber jammern, dass die anderen sie nicht annehmen.

Unsere Sendung besteht darin, Ja zu sagen zu uns selbst und damit auch Ja zu sagen zu den Menschen, die sich selbst nicht bejahen können. Es ist der Auftrag Jesu, den Menschen ohne Vorurteile zu begegnen, zu versuchen, sie mit den Augen des Glaubens zu sehen und in ihnen den Bruder oder die Schwester Jesu zu erkennen. Wenn wir sie mit den Augen des Glaubens ansehen, die nicht bewerten oder beurteilen, sondern die anderen bedingungslos annehmen, dann können auch die Menschen an sich selbst glauben.

Dämonen austreiben, das könnte bedeuten: Jemand fühlt in sich die Sendung, für Klarheit zu sorgen. Die Dämonen sind für die Bibel »trübe Geister«: Geister, die das Denken trüben. Indem wir unseren Auftrag darin sehen, klar zu denken, so zu denken, wie es der Wirklichkeit entspricht, treiben wir Dämonen aus, sorgen wir dafür, dass auch die Menschen um uns herum klarer sehen.

Die Dämonen – so sagt Fridolin Stier – sind Aber-Geister. Und solche Aber-Geister halten viele Menschen davon ab, ihr Leben zu wagen. In Gesprächen begegne ich oft diesen Aber-Geistern. Wenn ich die Menschen frage, wo sie den Sinn in ihrem Leben sehen und wofür sie sich einsetzen können, kommen lauter Aber-Geister, die ihnen einreden: »Aber das geht doch bei mir gar nicht. Bei mir ist alles anders. Aber da gibt es viele Gegengründe gegen diesen Vorschlag, gegen diesen Weg. Viele sind auf diesem Weg schon in die Irre gegangen. Daher funktioniert der Weg für mich nicht.«

Die Aber-Geister sind fixiert auf die Bedenken, die es bei jedem Tun gibt. In jedem von uns steckt die Sehnsucht, das Leben nicht zu versäumen, sondern es zu leben. Aber in jedem von uns gibt es auch die Aber-Geister, die uns daran hindern, uns auf das Leben einzulassen. Jesus spricht davon, dass man die Aber-Geister austreiben müsse. Und er selbst hat sie auch ausgetrieben. Man kann mit ihnen nicht diskutieren. Das würde endlose Diskussionen geben, in denen immer wieder das Aber jeden Fortgang des Gespräches blockiert. Jesus will unsere Aber-Geister austreiben. Aber dann könnte auch unsere Sendung darin bestehen, die Aber-Geister in anderen aufzuspüren und sie mit Macht zu vertreiben. Die Frage ist, wie das gehen soll: die Aber-Geister vertreiben. Es hat keinen Zweck, gegen die Aber-Geister zu sprechen. Denn auf jeden Einwand würden sie wieder mit einem Aber antworten. Man kann sie nur vertreiben, indem man sie auffordert, den Weg zu gehen, den sie selbst gehen möchten. Dann werden die Aber-Geister sprachlos.

Denn wenn sie selbst gefragt werden, was sie eigentlich wollen, erkennen sie, dass sie gar nichts wollen. Sie wollen immer nur dagegen sein, immer nur sich durch ein Aber vor der Herausforderung des Lebens drücken.

Jeder sollte sich in seinem Leben fragen: Was ist meine Sendung? Was ist mein Auftrag in dieser Welt? Was möchte ich mit meinem Leben vermitteln? Die Sendung muss nicht immer außergewöhnlich sein. Vielleicht besteht meine Sendung darin, als Vater oder Mutter eine Familie aufzubauen und den Kindern Halt und Geborgenheit, Liebe und Zuwendung zu schenken. Für den anderen besteht die Sendung darin, in seiner Umgebung Zuversicht zu verbreiten. Der dritte spürt in sich die Sendung, ein Projekt durchzuführen, etwa ein Projekt wie Hospizarbeit oder Krankenbetreuung oder Nachhilfe für ausländische Kinder. Oder er spürt die Sendung, in seiner Firma eine neue Arbeitsatmosphäre und eine gute Firmenkultur zu schaffen. Ein anderer sieht seine Sendung darin, als Journalist oder Schriftsteller die Worte zu finden, die das Leben der Menschen beschreiben und die ihnen zugleich Orientierung und Sinn vermitteln. Überall dort, wo wir stehen, können wir einen Auftrag erkennen, die Atmosphäre, die wir verbreiten, zu klären, zu verbessern, eine gute Ausstrahlung zu haben, sodass sich die Menschen um uns herum angenommen, wahrgenommen und letztlich geliebt fühlen.

Wenn wir nach unserer Sendung fragen, dann geben wir das narzisstische Kreisen um uns selbst auf. Im Fragen nach unserer Sendung kommen wir mit unserer Kraft, mit unserer Begeisterungsfähigkeit in Berührung. Und das sind Kräfte, die uns in Bewegung bringen, die uns zum Leben führen. In der Vergangenheit hat das Gefühl, eine Sendung zu haben, viele Menschen in Bewegung gebracht. Meine Mitbrüder, die in den ersten Jahrzehnten des letzten Jahrhunderts ins Kloster eingetreten sind, spürten in sich die Sendung, in die Mission zu gehen und dort die Botschaft Jesu zu verkünden. Dieses Sendungsbewusstsein hat ihnen ungeheure Kraft geschenkt. Sie konnten mit ihrem Sendungsauftrag schwierige Situationen, Armut, Krieg, Anfeindung, Gefahren durchstehen. Denn sie wussten, warum sie sich diesen Gefahren aussetzten. Sie wollten das Reich Gottes verkünden und in Afrika und Korea verbreiten. Heute ist es für manche Mitbrüder nicht so klar, welche Sendung sie in sich spüren, wenn sie ins Kloster eintreten. Viele denken eher daran, dass ihnen der Rhythmus von Gebet und Arbeit und die Gemeinschaft im Glauben guttun. Das ist durchaus ein legitimes Anliegen und eine gute Motivation, ins Kloster einzutreten. Aber es genügt nicht. Es braucht auch das Gefühl, eine Sendung in sich zu erkennen, die mich über das Wohlgefühl hinausführt in eine Arbeit hinein, die anderen zum Segen wird.

Das gilt nicht nur für Menschen, die ins Kloster eintreten. Auch bei der Berufswahl geht es nicht allein um die Frage, wo ich mich wohlfühle, wo ich eine geregelte Arbeitszeit und möglichst viel Freizeit habe. Es geht auch darum, ob ich eine Berufung zu diesem oder jenem Beruf in mir empfinde. Berufung hat ja mit Sendung zu tun. Da ruft mich Gott zu etwas auf. Es ergeht ein Ruf an mich.

Die Propheten im Alten Testament sind diesem Ruf gefolgt. Der Ruf war für sie nicht immer angenehm. Denn er hat sie in viele Konflikte gebracht, wie wir etwa am Beispiel des Propheten Jeremia sehen können. Der wurde sogar in eine Zisterne herabgelassen, weil er gegen die herrschende Politik gepredigt und die Menschen in ihren Illusionen verunsichert hat. Aber der Ruf, den Jeremia in sich vernommen hat, hat ihm auch die Kraft und die Hoffnung geschenkt, all das durchzustehen, was ihm von seinen Feinden widerfahren ist.

Viele spüren heute durchaus einen Ruf. Sie fühlen sich berufen, als Arzt den Menschen zu helfen oder als Therapeuten kranke Menschen zu begleiten. Andere fühlen sich zum Ingenieur berufen, um – wie das Wort »in-genium« aussagt – ihren Geist in die Dinge hineinzulenken, um Neues zu erfinden und zu schaffen, was dem Menschen guttut. Wer so einen Ruf in sich spürt, der fühlt sich lebendig. Er entdeckt in sich auch die nötige Kraft, sich den Strapazen der Ausbildung und des Studiums zu stellen. Und er wird die Hindernisse überwinden, die ihn zu Beginn seiner Arbeit in der Firma erwarten.

Wer einen Sinn in seinem Leben sieht, wer eine Sendung für sich erkannt hat, der geht kraftvoll seinen Weg. Andere, die nur um ihr Wohlgefühl kreisen, sind eher kraftlos. Sie kreisen ständig um die eigene Krankheit, gehen von einem Arzt zum anderen. Weil das Leben an ihnen vorbeigeht, brauchen sie einen Ersatz für das Leben. Und für manche wird das ständige Achten auf ihre Gesundheit zum Ersatz für das nicht gelebte Leben. Aber dieses ständige Kreisen um die Gesundheit macht sie noch kränker.

Falsch verstandene Kontemplation

Gerade auch bei spirituellen jungen Menschen erlebe ich, dass sie nicht ins Leben kommen. Sie haben Angst, dass sie von der Arbeit aufgefressen werden und dann keine Zeit mehr haben, um ihre Spiritualität zu leben, um zu meditieren oder ein kontemplatives Leben zu führen. Doch ich spüre, dass sie Kontemplation falsch verstehen. Sie meinen, es bedeute, Zeit für sich zu haben, langsam zu leben. Doch das Ziel der Kontemplation besteht darin, sich selbst loszulassen, damit Gott in dem Menschen Raum finden kann. Die Freiheit vom Ego ist das Ziel aller spirituellen Wege. Aber für manche scheint diese Freiheit vom Ego darin zu bestehen, dass sie noch nie ein Ego in sich gespürt haben.

Der Schweizer Psychiater Carl Gustav Jung meint, in der ersten Lebenshälfte sollten wir ein starkes Ego entwickeln. Das Ego kämpft für das Leben. Es setzt sich durch. Es schafft etwas im Leben. In der zweiten Lebenshälfte geht es dann darum, das Ego loszulassen, sich etwas Größerem zu überlassen, sich Gott zu überlassen. Aber wer nie ein Ego aufgebaut hat, kann es auch nicht loslassen. Und so wird dann die Kontemplation, die die Entwicklung des Ego überspringt, zu einer Lebensverweigerung.

Es gibt einen alten Spruch des Wüstenvaters Antonius, der sagt:

> *Wenn du einen jungen Mann zum Himmel stürmen siehst, dann pack ihn an der Ferse und stell ihn auf den Boden. Denn es tut seiner Seele nicht gut.*

Zu früh zum Himmel zu stürmen und das Irdische zu überspringen führt nicht ins Leben hinein, sondern ist eine Flucht vor dem Leben. Weil man sich der Lebendigkeit seines Leibes und seiner Seele nicht stellen will, stürmt man zum Himmel. Es ist aber die

Aufgabe der ersten Lebenshälfte, sich der eigenen Aggression, der eigenen Sexualität und der eigenen Leidenschaft zu stellen. Nur dann wird auch das geistliche Leben Frucht bringen.

Zu mir kam einmal ein junger Mann. Er wollte unbedingt ins Kloster eintreten. Aber er meinte, er sei eher ein kontemplativer Typ. Er könne höchstens drei Stunden am Tag arbeiten. Ich sagte ihm, da könne er nicht einmal zu den Trappisten gehen, die der strengste Schweigeorden in der katholischen Kirche sind. Denn auch die würden sechs Stunden am Tag arbeiten. Als ich mich in diesen jungen Mann hineindachte, spürte ich: Er ist lebensunfähig. Er ist unfähig, sich einen Stand im Leben zu erkämpfen. Kontemplation ist für ihn ein Weg, Zeit für sich zu haben. Aber diese Zeit nutzt er nicht, um wirklich zu meditieren, um sich wirklich auf Gott einzulassen. Letztlich ist dieses Kreisen um sich selbst dann ein Zeichen von Egozentrik. Vor lauter Loslassen des Ego merkt er gar nicht, wie sehr er das Ego pflegt. Kontemplation ist hier ein narzisstisches Kreisen um sich selbst. Man stellt sich nicht dem Leben mit seinen Herausforderungen, sondern flüchtet in eine vermeintlich höhere Form des Lebens. Man fühlt sich als etwas Besonderes. Aber man weigert sich, sich auf das konkrete Leben einzulassen.

Für den heiligen Benedikt sind Arbeit und Gebet keine Gegensätze. In beiden Bereichen geht es darum, vom Ego frei zu werden. Sich auf Gott einlassen und sich auf die Arbeit einlassen geht in die gleiche Richtung. Ich lasse mich ein, ich vergesse mich selbst.

Der ungarische Psychologe Mihály Csíkszentmihályi hat erkannt, dass der Mensch nur dann Glück erfährt, wenn er im Fluss ist. Die Arbeit macht ihm nur dann Spaß, wenn die Energie in ihm fließt. Der ungarische Psychologe, der heute in den USA lebt, hat dafür den Begriff des Flow geprägt. Flow entsteht für ihn immer dort, wo ich mit Hingabe meine Arbeit verrichte, wo ich mich also in meiner Arbeit vergesse, mein Ego loslasse und mich ganz auf das einlasse, was mir vorgegeben ist. Das, was wir heute als

Flow bezeichnen, hat man in der spirituellen Literatur als Hingabe bezeichnet. Für Benedikt liegt die Hingabe in der Arbeit auf der gleichen Ebene wie die Hingabe an Gott im Gebet. Indem ich aufgehe in dem, was ich gerade tue, fließt in mir Energie, und ich erfahre eine schöpferische Freiheit.

Das Einlassen auf die Arbeit befreit mich von meinem Ego. Wer jedoch Kontemplation als Zeit-für-sich-Haben missversteht, der wird nicht frei vom Ego. Seine Spiritualität wird zu einer narzisstischen Spiritualität. Und die narzisstische Spiritualität drückt sich in zu großen Vorstellungen von sich selbst aus. Man meint, man sei ein kontemplativer Typ, und stellt sich damit über die anderen, die so banal arbeiten und gar nicht dazu kommen, zu meditieren.

Die Psychologie sagt: Grandiosität ist die am weitesten verbreitete Weise, seinen eigenen Narzissmus zu leben. Narzissmus hat oft im Gefühl von Verlassenheit ihre Ursache. Um den Schmerz der Verlassenheit nicht zu spüren, flüchtet man sich in grandiose Vorstellungen von sich selbst. Man meint, man würde in der Kontemplation ganz besondere Erfahrungen machen. Man sucht sich dann die bekanntesten spirituellen Meister. Denn nur mit ihnen kann man seine tiefen spirituellen Erfahrungen besprechen. Die normalen Seelsorger haben ja davon keine Ahnung. Nur diese Meister könnten einen verstehen.

Manche kommen mit diesen Vorstellungen auch zu mir. Sie hätten so tiefe spirituelle Erfahrungen, dass sie mit niemandem sonst sprechen könnten. Ich spüre dann in mir immer einen inneren Widerstand. Ich sehe den Narzissmus, der dahintersteckt. Wenn ich mich doch auf ein Gespräch einlasse, erkenne ich sehr oft: Dieser Mann, diese Frau ist eigentlich lebensunfähig. Um sich das nicht einzugestehen, fühlen sie sich als etwas Besonderes, als religiös außergewöhnlich begabte Menschen mit spirituellen Erfahrungen, die das Fassungsvermögen der anderen übersteigen. Doch es ist oft eine Flucht in die Spiritualität, weil man das normale Leben nicht bewältigt.

Narzissmus ist heute weit verbreitet. Und die Kontemplation bietet für narzisstische Menschen eine gute Möglichkeit, ihren Narzissmus auszuleben, anstatt ihn von Gott verwandeln zu lassen. Narzissmus ist Selbstverliebtheit. Er ist eine Reaktion auf den Mangel an Liebe, den man in der frühen Kindheit erfahren hat. Dann erfährt man die Außenwelt als bedrohlich und zieht sich auf sich selbst zurück. Das Paradox besteht darin: Man hat den Kontakt zu seinem wahren Selbst verloren und beschäftigt sich gerade deshalb so sehr mit sich selbst.

Es gibt eine gute Selbstliebe, aber auch eine krankhafte. Die gesunde Selbstliebe führt auch dazu, dass ich mich vergessen kann. Und sich vergessen zu können ist ja gerade das Ziel der Kontemplation. Indem ich mich vergesse, bin ich ganz präsent. Der narzisstische Mensch kann sich jedoch nicht selbst vergessen. Er kreist immer um sich. Kernberg meint: Die pathologische Selbstliebe

> drückt sich in exzessiver Selbstbezogenheit aus.

KERNBERG, S. 74

Diese Selbstbezogenheit ist oft verbunden mit einem mangelnden Interesse für andere Menschen. Man kann sich kaum in andere hineinfühlen. Man kreist nur um sich selbst, möchte ständig bewundert werden.

Kathrin Asper, eine Psychologin, die der Jung'schen Psychologie nahesteht, meint: Für narzisstische Menschen ist es nicht gut, das Jung'sche Konzept der Selbstwerdung zu früh zu benutzen. Denn dieses Konzept ist für den narzisstischen Menschen verführerisch. Er begibt sich gerne

> auf diesem elitären und spirituellen Pfad auf die Suche nach seinem Selbst.

JOTTERAND, S. 18

Aber er überspringt die ganz banalen Herausforderungen des Alltags. Er möchte in seiner elitären Welt nicht gestört werden.

Was Kathrin Asper von der Jung'schen Psychologie sagt, das kann man auch auf den kontemplativen Weg übertragen. Der kontemplative Weg will eigentlich zur inneren Freiheit vom Ego führen. Doch für narzisstische Menschen bietet er eine Gelegenheit, sich vom banalen Alltag zu distanzieren und sich auf die elitäre Reise zu tiefen und grandiosen spirituellen Erfahrungen zu machen. Doch diese Spiritualität führt nicht zur Verwandlung, sondern nur zur Verfestigung der narzisstischen Struktur. Man hat dann genügend Grund, sich den konkreten Forderungen des Alltags und der Arbeit zu entziehen.

Ich möchte diese Versuchung, die Spiritualität als Flucht in die Grandiosität und als Verweigerung, sich auf das konkrete Leben einzulassen, am Beispiel der heiligen Thérèse von Lisieux aufzeigen. Sie ist anfangs dieser Versuchung erlegen, hat dann aber einen heilsamen Weg der Spiritualität entdeckt, der ihre narzisstischen Wunden wirklich zu heilen vermochte. Thérèse hat schon als Kind eine tiefe Verlassenheit erfahren. Ihre Mutter hatte bei der Geburt Brustkrebs. Thérèse hat sich als Säugling geweigert, von der Brust der Mutter zu trinken. So wurde sie zu einer Amme gegeben. Dann kam sie zur Mutter zurück, die nach drei Jahren starb. Als Kind hat Thérèse die Verlassenheit durch Grandiosität zu überspielen versucht. Sie war die kleine Königin, die die ganze Familie um den Finger gewickelt hat. Alle mussten sich um sie kümmern. Wenn die Grandiosität als Reaktion auf die Verlassenheit nicht gelang, reagierte Thérèse mit Depression. Sie drückte sich aus im Verzicht auf eigene Gefühle, in einer Überanpassung oder aber im Rückzug. Diese Reaktionsweise hat Thérèse von Lisieux vor allem außerhalb der Familie – zum Beispiel in der Schule – praktiziert.

Als sie dann ins Kloster eingetreten war, hat sie ihr Streben nach Grandiosität in die Spiritualität hineinverlegt. Zunächst wollte sie einen Weg gehen, auf dem sie sich der eigenen Verlassenheit und den eigenen Verletzungen nicht stellen musste. Sie stellte sich Gott als Chirurg vor, der ihre Wunden heilt, während sie schläft. Sie brauchte also nichts zu tun. Und die grandiosen Vorstellungen ihrer Kindheit finden ihren Ausdruck darin, dass sie sich als die Lieblingskleine Jesu versteht. Je kleiner sie bleibt, je mehr sie mit ihrer Kleinheit kokettiert, desto leichter geht der Aufzug mit ihr nach oben, in den Himmel. Dieser erste Weg, den sie den »Kleinen Weg« nennt, sollte sie also zur Heiligkeit führen, ohne dass sie sich dafür anstrengen und ohne dass sie sich ihren verdrängten Schmerzen zuwenden musste. Auf diesem Weg musste Thérèse nicht wachsen. Sie durfte, ja sollte sogar klein bleiben. Aber in diesem Sprechen über Kleinheit spürt man die Grandiosität heraus, die Thérèse schon in ihrer Beziehung zu ihrem Vater und ihren Schwestern ausgedrückt hat. Sie ist die Lieblingskleine, um die sich alle anderen, um die sich auch Jesus kümmern soll. Sie braucht sich nicht zu ändern. Sie bleibt nicht nur »Papas Prinzessin«, sondern auch die »Lieblingskleine Jesu«. Dieser Weg zeigt typisch die Gefahr, die narzisstische Persönlichkeit durch eine grandiose Spiritualität zu kompensieren. Aber diese Form der Spiritualität heilt nicht, sondern ist nur eine Kompensation für die eigene Verletztheit.

Doch dann entdeckt Thérèse einen Weg, der ihren Narzissmus wirklich zu heilen vermag. Die göttliche Liebe ist wie Wasser, das immer den tiefsten Punkt sucht. Dieses Bild von Gottes Gnade, die sich wie Wasser immer den tiefsten Punkt in der menschlichen Seele sucht, hat Thérèse von ihrem narzisstischen Kreisen um sich selbst befreit. Jetzt ist sie in die Begegnung mit Gott gegangen. Jetzt hat sie sich mit ihrer eigenen Verlassenheit, mit ihrer Dunkelheit, mit ihrem inneren Chaos Gott hingehalten. Jetzt hat sie es gewagt, sich der eigenen Wahrheit zu stellen. Sie ist ihr nicht mehr ausgewichen, indem sie sich über die anderen stellte. Jetzt hat sie sich auch ihrer eigenen Ohnmacht gestellt, selbst aus sich eine gute Nonne machen zu können. Sie hat ihre Empfindlichkeit, ihre Verletzlichkeit, ihre Nervosität, all ihre psychischen und körperlichen Schwächen Gott hingehalten und dabei erfahren: Gottes Liebe strömt wie Wasser in die Tiefen ihrer Seele. Jetzt gibt es nichts mehr in ihr, was von Gott getrennt ist. Sie erfährt Gottes Liebe gerade in ihren Schwächen. Das verwandelt ihre Schwächen. Sie kokettiert nicht mehr damit, sondern sie wird erwachsen, weil sie ihre eigene Wahrheit Gott hinhält und sie von Gottes Liebe durchdringen und verwandeln lässt.

Wenn wir unsere eigene Ohnmacht, die eigenen Wunden und Schmerzen, Gott hinhalten, so kann seine Liebe in die Tiefen unserer Seele fließen und dort alles durchdringen und verwandeln. Dieser Weg der Spiritualität ist zugleich heilend und befreiend. Er befreit von dem Druck, sich durch große Werke vor Gott beweisen zu müssen und sich dadurch über andere Menschen zu stellen. Mit diesem »Kleinen Weg« ist Thérèse solidarisch mit allen Menschen. Sie spürt die gleichen Nöte, die gleiche Verzweiflung und Verlassenheit wie viele andere. Aber sie kokettiert nicht mehr damit. Sie hält sie ehrlich Gott hin. Und seine Liebe fließt dort hinein. Das ist wirkliche Demut: der Mut, selbst hinabzusteigen in die Tiefen des eigenen Menschseins, damit alle Tiefen von Gottes Liebe erfüllt werden, auch die Bereiche, die wir sonst vor Gott gar nicht gerne anschauen, weil sie unserem eigenen grandiosen Selbstbild widersprechen. Thérèse entdeckt jetzt im Alltag ständig ihre Schwächen, wenn sie empfindlich auf die Mitschwestern reagiert, wenn sie ungeduldig, launisch und aggressiv wird, mutlos oder verzweifelt. Sie deckt ihre Schwächen auf und hält sie Gott hin, damit seine Liebe sich darin ergießen kann. Jotterand schreibt dazu:

> *Die Heilige fühlt sich jedes Mal von Gottesliebe erfüllt, wenn sie es wagt, ihre Schwäche anzuschauen. Dieses Gefühl gibt ihr Mut, alltägliche Situationen zu benutzen, um ihre übertriebene Selbstbezogenheit abzubauen.*
>
> JOTTERAND, S. 49

Dieser Weg, Gottes Liebe in die Schwächen einfließen zu lassen, die ihr das konkrete Zusammenleben mit ihren Mitschwestern aufdeckt, führt Thérèse in den Alltag. Jetzt benutzt sie die Spiritualität nicht mehr, um dem Alltag zu entfliehen, sondern um den Alltag auf ganz neue Weise zu bewältigen. Und diese Spiritualität schenkt ihr eine gewisse Leichtigkeit und Heiterkeit. Thérèse grübelt nicht über den Sinn ihrer schlechten Laune, ihres Ärgers oder ihres Ekels. Sie nimmt diese Gefühle einfach wahr und lässt Gottes Liebe hineinströmen. Das gibt der früher oft skrupulös engen Ordensfrau

> das Gefühl, nichts mehr falsch machen zu können.
>
> JOTTERAND, S. 49

Wenn wir diese Erfahrungen der heiligen Thérèse auf uns übertragen, so können wir sagen: Es gibt eine Spiritualität, die den Narzissmus durch grandiose Vorstellungen von sich selbst und von den eigenen mystischen Erfahrungen verstärkt. Und es gibt eine Spiritualität, die den Narzissmus heilt. Jotterand schreibt:

> Narzissten haben die Tendenz, alles, was sie erleben, auf sich selbst zu beziehen. Deshalb sind sie oft gekränkt. Die schlechte Laune ihres Lebenspartners, das achtlose Verspritzen von schmutzigem Wasser, gar das schlechte Wetter am Sonntag können sie als Akte gegen sich wahrnehmen ... Aus jedem kleinen Ärgernis kann ein Narzisst ein Riesentheater machen.
>
> JOTTERAND, S. 51

Der Kleine Weg würde bedeuten: Ich nehme meinen Ärger, meine Empfindlichkeit, meine Angst vor dem Verlassenwerden wahr. Aber ich verurteile mich nicht. Und ich mache kein Theater daraus. Ich nehme vielmehr diese Gefühle als Gelegenheit, Gottes

Liebe gerade dorthinein fließen zu lassen. Auf diese Weise werde ich von meiner Empfindlichkeit nach und nach befreit, und ich bekomme wieder Sinn für die Realität. Ich nehme teil an meiner Umwelt. Die Spiritualität führt mich mitten in den Alltag, um ihn von Gott her zu bewältigen, anstatt ihm durch grandiose Vorstellungen zu entfliehen.

Das ist letztlich auch das, was die benediktinische Spiritualität meint. Benedikt verzichtet in seiner Regel auf grandiose Vorstellungen von Spiritualität. Er verzichtet auch auf hohe Idealbilder für die klösterliche Gemeinschaft. Er rechnet mit täglichen Konflikten und Auseinandersetzungen. Spiritualität besteht für Benedikt gerade darin, sich den Konflikten zu stellen. In dem Miteinander von Gebet und Arbeit – ora et labora – möchte Benedikt die Spiritualität erden, konkret mit der Erde, mit dem Alltag verbinden. Die Spiritualität zeigt sich darin, dass ich mich einlasse auf die Arbeit, auf den Mitmenschen, auf Gott. Im Einlassen werde ich frei vom narzisstischen Kreisen um mich selbst. Im Einlassen auf die Realität des Miteinanders und auf die Konflikte bei der Arbeit entdecke ich meine eigenen Schwächen und Empfindlichkeiten. Die Arbeit konfrontiert mich mit meiner inneren Wahrheit. Indem ich gerade in der täglichen Arbeit meine Wahrheit entdecke, kann ich in sie hinein die Liebe Gottes strömen lassen. Manche, die von Kontemplation schwärmen, lassen sich weder auf Gott noch auf die Arbeit ein. Sie missverstehen Kontemplation als Zeithaben für sich selbst. Auch Kontemplation ist – recht verstanden – ein harter Übungsweg, aber ein Weg, der mich in den Alltag führt und der meinen Alltag verwandelt. Willigis Jäger betont immer wieder: Mystik, die nicht in den Alltag führt, ist ein Irrweg.

In letzter Zeit begegne ich immer wieder Menschen, die alle heute modern erscheinenden spirituellen Wege ausprobiert haben. Sie haben Zen-Meditation geübt. Sie haben initiatische Therapie gemacht. Sie sind spirituelle Pilgerwege abgeschritten, haben Exerzitien im Alltag geübt. Aber sie kommen mit ihrem Leben nicht zurecht. Manchmal habe ich den Eindruck, dass sie sich spirituell unter Leistungsdruck stellen. Sie möchten mit Spiritualität ihren Problemen entfliehen, anstatt die Probleme anzuschauen und sie Gott hinzuhalten. Sie benutzen Spiritualität als Weg der Grandiosität, um sich der Durchschnittlichkeit ihrer Person und ihrer eigenen Banalität nicht stellen zu müssen. Sie fühlen sich auf ihrem spirituellen Weg als etwas Besonderes. Sie tun ja etwas für sich. Sie sind nicht so banal wie viele ihrer Arbeitskollegen. Doch ihre Spiritualität verwandelt sie nicht. Sie verstärkt sie nur in ihrer Unfähigkeit, das Leben zu bewältigen. Es braucht die Demut und die Klarheit des Denkens, um solche spirituellen Wege als Irrwege zu erkennen. Nicht der spirituelle Weg an sich ist schlecht, aber die Absicht, mit der er beschritten wird, führt uns in die falsche Richtung. Sie verstärkt unseren Narzissmus, anstatt ihn zu heilen.

Die Antwort Jesu

Die Antwort auf die falsch verstandene Kontemplation finde ich im Lukasevangelium. Lukas hat ja sein Evangelium für die griechischen Händler, Großgrundbesitzer und Handwerker – also für den griechischen Mittelstand – geschrieben. Ihm ist es ganz wichtig, dass der Geist Jesu sich konkret im alltäglichen Leben ausdrückt. Das möchte ich an zwei Stellen aufzeigen.

Im sechzehnten Kapitel stellt Lukas verschiedene Worte Jesu zusammen, die alle den richtigen Umgang mit den Dingen dieser Welt im Blick haben:

> Wer in den kleinsten Dingen zuverlässig ist, der ist es auch in den großen, und wer bei den kleinsten Dingen Unrecht tut, der tut es auch bei den großen. Wenn ihr im Umgang mit dem ungerechten Reichtum nicht zuverlässig gewesen seid, wer wird euch dann das wahre Gut anvertrauen? Und wenn ihr im Umgang mit dem fremden Gut nicht zuverlässig gewesen seid, wer wird euch dann euer wahres Eigentum geben?
>
> LUKAS 16,10–12

Lukas übersetzt hier die Worte Jesu in die Mentalität der Griechen hinein. Für die Griechen war das Irdische das Kleine, Unbedeutende, Fremde. Das Große, das Wahre und das unserem Wesen Angemessene ist der Geist, ist letztlich Gott. Aber im Umgang mit den irdischen Dingen zeigt sich unser Umgang mit Gott. Und von der Art und Weise, wie wir mit den irdischen und alltäglichen Dingen umgehen, hängt unsere Beziehung zu Gott ab. Ich kann nicht sagen: Ich bete und meditiere und zugleich vernachlässige ich den

Alltag. Meine Spiritualität zeigt sich gerade darin, ob ich im Alltag zuverlässig, sorgfältig und achtsam mit den Dingen, mit meiner Arbeit, mit meinem Besitz umgehe.

Ein Kapitel weiter erzählt Jesus ein provozierendes Gleichnis, in dem er sein Verständnis von Spiritualität zum Ausdruck bringt. Da erzählt er von einem Herrn, der einen Sklaven hat. Er erwartet von dem Sklaven, dass er ihm das Essen bereitet, wenn er von der Feldarbeit heimkommt. Jesus schließt das Gleichnis mit der Frage:

> Bedankt er sich etwa bei dem Sklaven, weil er getan hat, was ihm befohlen wurde? So soll es auch bei euch sein: Wenn ihr alles getan habt, was euch befohlen wurde, sollt ihr sagen: Wir sind unnütze Sklaven; wir haben nur unsere Schuldigkeit getan.
>
> LUKAS 17,9f

Für mich ist das die Antwort Jesu auf eine Spiritualität, die sich über andere stellt und sich grandios anfühlt.

Die chinesische Philosophie sagt: Tao ist das Gewöhnliche. Spiritualität heißt für Jesus: einfach tun, was wir schuldig sind. Tun, was wir dem Augenblick schulden, was wir diesem Menschen schulden, dem wir gerade begegnen, was wir uns selbst schulden und was wir Gott schuldig sind.

Ich kann es auch noch nüchterner ausdrücken: Spiritualität heißt: tun, was gerade dran ist. Es braucht also das Gespür für das, was jetzt gerade getan werden muss. Jesus erzählt dieses Gleichnis gerade den Pharisäern, die manchmal auch in Gefahr waren, den Forderungen des Alltags aus dem Weg zu gehen. Den Pharisäern hält Jesus entgegen:

> Ihr redet den Leuten ein, dass ihr gerecht seid; aber Gott kennt euer Herz. Denn was die Menschen für großartig halten, das ist in den Augen Gottes ein Greuel.

LUKAS 16,15

Was so grandios aussieht, ist in Wirklichkeit für Gott ganz fürchterlich. In der zuverlässigen und sorgfältigen Arbeit im Alltag zeigt sich, ob ich mich vom Geist Jesu leiten lasse oder ob ich vor den kleinen und scheinbar unbedeutenden Dingen des Alltags in die Grandiosität spiritueller Ideen flüchte.

Lukas liebt die Gegensätze. Vor das Gleichnis vom unnützen Sklaven hat er ein Wort über den Glauben gesetzt. Die Jünger bitten Jesus, er möge ihren Glauben stärken. Und Jesus antwortet:

> Wenn euer Glaube auch nur so groß wäre wie ein Senfkorn, würdet ihr zu dem Maulbeerbaum hier sagen: Hebt dich samt deinen Wurzeln aus dem Boden, und verpflanz dich ins Meer!, und er würde euch gehorchen.

LUKAS 17,6

Dieses Wort könnte leicht zur Grandiosität verführen. Wir können mit unserem Glauben Zauberkunststücke machen. Doch wir leben in der Spannung: auf der einen Seite steht ein Glaube, der Berge versetzen oder Bäume ausreißen kann – auf der anderen Seite der Glaube, der sich darin bewährt, das zu tun, was gerade dran ist, der sich ausdrückt im Tun des Gewöhnlichen. Nur wenn wir diese Spannung durchhalten, leben wir im Geiste Jesu.

Kreisen um sich selbst

Ein Priester erzählte mir, er war auf einer Tagung für Priester, Seelsorger und Seelsorgerinnen. Am zweiten Tag reiste er wieder ab. Er konnte das Jammern nicht mehr ertragen. Er hatte das Gefühl, alle kreisten nur um sich selbst. Das Wichtigste war, dass es *mir* gut geht, dass *ich* nicht überlastet bin, dass *ich* genügend Zeit habe, spazieren zu gehen und Konzerte zu besuchen. Er spürte weder Begeisterung für die Arbeit noch eine Faszination vom spirituellen Weg. In der spirituellen Atmosphäre eines Seelsorgekurses erlebte er nur narzisstisches Kreisen um sich selbst.

Was der Priester vom Seelsorgekurs erzählt hat, das habe ich in einigen Gruppenleiterrunden erlebt. Da ging es nur um die Frage, ob wir uns wohlfühlen, ob wir genügend Zeit für uns haben. Aber dann ist keine Energie mehr frei für die Gruppe. Es kann dabei nichts entstehen.

Als ich fünfundzwanzig Jahre lang Jugendarbeit gemacht habe, war es uns immer wichtig, dass wir im Dienst Jesu stehen. Es geht nicht darum, uns wohlzufühlen, sondern den Menschen zu dienen, ihnen zu helfen, dass sie eine Gotteserfahrung machen, dass sie eintauchen in das Geheimnis Jesu Christi. Wir haben nicht ständig um die Beziehungsprobleme im Team gekreist, sondern waren als Team offen für die Jugendlichen, die zu uns kamen. Wir waren ein Team von zehn Gruppenleitern und sorgten für zweihundertfünfzig Jugendliche.

Ich kenne Teams, die kaum größer sind als die Zahl der Jugendlichen, die zu ihren Kursen kommen. Das Team verbraucht so viel Energie für die eigenen Beziehungsprobleme, dass die Jugendlichen eigentlich eine Belastung sind. Doch so ist keine fruchtbare Arbeit möglich. Und so kann auch keine Lust an der Arbeit entstehen. Man verbraucht zu viel Energie für sich und ist nicht offen für die Menschen, die einen wirklich brauchen.

Wenn ich von Gemeindereferenten und Pastoralreferentinnen höre, dass sie so viel Energie für sich selbst verbrauchen, versuche ich immer zu verstehen, was da in den Herzen der Menschen vor sich geht. Ich möchte nicht bewerten und nicht verurteilen, sondern verstehen. Ich habe den Eindruck, dass gerade Menschen, die sich auf einen spirituellen Weg einlassen oder die einen geistlichen Beruf ergreifen, eher depressive Typen sind als aggressive. Ich bin vor fünfzig Jahren ins Kloster eingetreten, um die Welt zu verändern, um etwas in Bewegung zu bringen. Da war die Aggression eine wichtige Quelle von Energie. Wir wollten die Kirche erneuern und die Botschaft Jesu in einer neuen Sprache verkünden.

Diese aggressive Energie vermisse ich heute bei manchen Seelsorgern. Die Aggression drückt sich eher in Unzufriedenheit und Schimpfen über die kirchliche Hierarchie und die unzumutbaren Arbeitsbedingungen aus. Aber es ist keine Aggression, die etwas anpackt, die etwas verändert. Die Aggression der Depressiven drückt sich in Vorwürfen anderen gegenüber aus. Sie lähmt und schafft ein schlechtes Gewissen. Aber sie eröffnet keine Wege in die Zukunft.

Wenn die positive Aggression fehlt, dann kreisen wir zu sehr um unsere eigenen Bedürfnisse. Aber es geht uns nicht besser dabei. Die Psychologie sagt uns, dass nur der gesund lebt, bei dem das Leben fließt. Nur der ist zufrieden und manchmal glücklich, der sich hingibt, bei dem das Leben ins Fließen kommt. Fließen heißt aber: Ich halte nicht an mir fest. Ich gebe mich in etwas hinein. Ich lasse mich los. Ich lasse mich ein.

Ich erlebe bei manchen Menschen ein In-sich-selbst-Verliebtsein. Man ist so verliebt in seine Gewohnheiten, dass man sich darin nicht stören lässt. Die Bedingungen, die ich für mich schaffe, um gut leben zu können, sind so vielfältig, dass ich gar keine Zeit und Energie mehr finde, um zu arbeiten. Arbeit gilt als Gegenteil von Leben. Doch Lebendigkeit fühle ich gerade auch, wenn ich arbeite, wenn ich mich auf ein Projekt einlasse, wenn ich etwas bewirke, wenn etwas zum Fließen kommt. Bei manchen ist nicht das Bild des Fließens prägend, sondern eher das Bild des Ruhens. Doch es ist nicht die Muße, von der die Griechen sprechen, die »schole«, in der ich über die wesentlichen Dinge des Lebens nachdenke, in der ich kreativ Gedanken entwickle, sondern eher das Gefühl: Lasst mich in Ruhe. Ich will nicht gestört werden in meinen Lebensgewohnheiten.

Für Menschen, denen es vor allem um ihre Ruhe geht, ist es oft schon eine Zumutung, sich auf einen anderen Menschen einzulassen. Sie sagen: Ich kann mir nicht ständig das Leid anderer anhören. Doch Seelsorge heißt ja gerade, sich auf das Leid der Menschen einzulassen. Indem ich mich hingebe, kommt mein Leben ins Fließen. Ich gebe mich Gott hin, und ich gebe mich Menschen hin, und ich gebe mich an die Arbeit hin. Gerade so werde ich frei von meinem Ego. Gerade so kommt mein Leben in Fluss. Und gerade so fühle ich mich lebendig.

Letztlich steckt also ein falsches Konzept von Lebendigkeit hinter dem Versäumen des Lebens. Man fühlt sich lebendig, wenn man Zeit für sich hat, für seine Hobbys, für Reisen, fürs Ausruhen. Doch Leben hat mit Fließen und Aufblühen zu tun. Und Fließen und Blühen brauchen die Hingabe. Es ist das Paradox: Indem wir uns vergessen, sind wir ganz wir selbst, werden wir wahrhaft frei, sind wir ganz im Augenblick da. Wenn wir nur an uns denken, kreisen wir um uns selbst. Aber wir sind immer unzufrieden. Denn es ist langweilig, nur um sich selbst zu kreisen. Wer um sich kreist, der erfährt bald den Überdruss an sich selbst. Denn so interessant ist niemand, dass er sich ständig mit sich beschäftigen könnte. Wer sich selbst vergisst, der ist ganz er selbst. Er kreist nicht um sein Ego, sondern taucht ein in die Tiefe seiner Seele, in der er sein Selbst entdeckt. Ich kann mich nur auf einen Menschen einlassen, wenn ich mich in diesem Augenblick selbst vergesse, wenn ich aufhöre, mir zu überlegen, dass ich jetzt eigentlich Musik hören oder meditieren könnte. Die Freiheit vom Ego ist das Ziel des geistlichen Lebens. Aber bei manchen spirituellen Menschen hat man den Eindruck, dass es nicht darum geht, sein Leben zu verlieren, wie Jesus es von uns fordert, sondern seine Haut zu retten. Die Haut soll ja nicht nass werden. Sie soll ja keine Schürfungen erfahren. Die Pflege der eigenen Haut tritt an die Stelle des Vergessens, Verlierens, Sich-Einlassens. Doch Jesus sagt es eindeutig:

> Wer sein Leben retten will, wird es verlieren. Wer aber sein Leben um meinetwillen und um des Evangeliums willen verliert, wird es retten.
>
> MARKUS 8,35

Die Psychologin Ursula Nuber hat ein Buch geschrieben mit dem Titel: »Die Egoismusfalle. Warum Selbstverwirklichung so oft einsam macht.« Darin beschreibt sie, dass dieses Kreisen um sich selbst die heutige Form des narzisstischen Egoismus ist. Der Grund ist nicht nur in der Vergangenheit zu suchen, also in Verlassenheitserfahrungen, sondern auch in der Gegenwart. Und da meint sie, die »Herrschaft des Bedürfnisprinzips« wäre die Ursache für ein Überhandnehmen narzisstischer Störungen. Nuber meint, die Haltung des »Ich will alles – und das sofort« sei typisch für den heute so weit verbreiteten Narzissmus, der dazu führt, dass die Menschen am Leben vorbeileben und nur um sich kreisen:

> Die Welt um sie herum besteht nur aus Reizen. So wie sie in der Regel jedem Lockruf der Konsumwelt nachgeben können und sich jeden Wunsch sofort erfüllen, so betrachten sie auch die Mitmenschen. Diese werden zum Objekt, das je nach Lust und Laune benutzt werden kann.
>
> NUBER, S. 35

Wie das konkret aussieht, sagt ein junger Mann, mit dem Ursula Nuber ein Interview führt:

> Ich unterhalte mich nicht mit jedem, sondern nur mit denen, von denen ich glaube, es bringt mir etwas. Und sei es nur eine nette Unterhaltung. Wenn ich der Meinung bin, dass weder privat noch geschäftlich etwas für mich herausspringt, dann unterhalte ich mich mit den Leuten nicht.
>
> NUBER, S. 29

Eine solche Haltung führt dazu, dass ich nur um mich selbst kreise. Ich versäume das Leben. Denn wirkliche Begegnung, die mich verwandeln könnte, findet nicht statt. Alles wird nur meinen Bedürfnissen untergeordnet. Aber diese Bedürfnisse sind unersättlich. Ich bin letztlich immer unzufrieden. Ich bekomme nie das, was ich möchte.

Dieses Kreisen um sich selbst sieht der Psychologe Hans Schmid als die eigentliche Schuld des Menschen an: sein Leben verfehlen, an sich selbst vorbeileben. Das griechische Wort »hamartia« meint genau dieses Sich-selbst-Verfehlen. Schmid schreibt:

> Es gibt keine größere Schuld als die sich selbst gegenüber: sich nicht gelebt zu haben! Es gibt viele Möglichkeiten der Erklärung oder Schuldzuweisung, zum Beispiel: Mein Vater, meine Mutter, mein Partner, die Kirche, die Gesellschaft, mein Beruf und so weiter ...
> Sie dienen als Alibis, um der Wahrheit zu entkommen, dass es nur einen einzigen Menschen gibt, der mir allein anvertraut ist, für den nur ich allein ganz und gar verantwortlich bin: mich selbst.
>
> SCHMID, S. 54

Das Kreisen um sich selbst kann die eigentliche Schuld sein. Doch es gibt auch eine Art des Um-sich-Kreisens, die gerade darin besteht, sich selbst ständig zu beschuldigen. Nach Alfred Adler, dem Begründer der Individualpsychologie, können die ständigen Schuldgefühle für manche auch einen Weg darstellen, das Gefühl der Minderwertigkeit zu überwinden und sich selbst in den Mittelpunkt zu stellen. Die »Unfruchtbarkeit der Gewissensbisse« kann den Menschen »der Lösung der wirklichen Lebensprobleme« entheben. (Goetschi, S. 123)

Und man kreist in den Schuldgefühlen immer um die Vergangenheit, um auf diese Weise den Herausforderungen der Gegenwart auszuweichen. Als Antwort auf das ständige Kreisen um die eigene Schuld rät daher Adler, die Verantwortung für sein Leben zu übernehmen und es selbst zu gestalten.

Die Antwort Jesu

Ich erkenne in der Heilung des Gelähmten eine Antwort Jesu auf das ständige Kreisen um sich selbst, auch um das Sich-Beschuldigen als eine besonders spirituelle Form des Kreisens um sich selbst. Die vier Freunde, die den Gelähmten auf seiner Bahre durch das Dach vor die Füße Jesu stellen, erwarten, dass Jesus ihn heilt und ihn wieder zum Gehen bringt. Doch Jesus sagt zuerst zu dem Gelähmten:

> Mein Sohn, deine Sünden sind dir vergeben.
>
> MARKUS 2,5

Offensichtlich hat Jesus erkannt, dass die Lähmung mit seiner Sünde zu tun hat – nicht in dem Sinn, dass dieser Mann Gebote Gottes übertreten hat, sondern in dem Sinn, dass er sein Leben verfehlt, dass er die Schuld auf sich geladen hat, nicht gelebt zu haben. Er vergibt ihm die »hamartiai«, die vielen Weisen, sein Leben zu verfehlen.

Eine Weise könnte bedeuten, vor lauter Perfektionismus nicht das zu wagen, was mir möglich ist. Es ist ja oft die Angst, einen Fehler zu machen, die mich lähmt. Oder es ist die Angst, abgelehnt zu werden, wenn ich mich blamiere. Weil ich den normalen Anforderungen des Lebens ausweiche, ziehe ich mich auf mein Bett zurück und lasse mich von meinen Ängsten fesseln.

Jesus verändert zuerst die Einstellung des Kranken. Er muss aufhören, sein Leben zu verfehlen, ständig nur um sich zu kreisen, um die Frage, ob er wohl genügend Kraft hat zu stehen, ob er auch alles richtig macht, ob er nicht zu überfordert würde, wenn er das Leben anpackt. All die Bedenken, die die Seelsorger bei dem Kurs hatten, ob sie wirklich genügend Zeit hätten für sich, wenn sie sich den Anforderungen ihres Berufes stellen würden, all dieses Kreisen um sich selbst wischt Jesus vom Tisch, indem er sagt: »Deine Sünden sind dir vergeben.« Dein Dich-selbst-Verfehlen lasse los. Ich schicke es weg – genau das meint: »aphientai« oder »dimittuntur« = »vergeben, weggeben, wegschicken«. Ich befreie dich davon. Jetzt stell dich dem Leben.

Erst wenn die falsche Einstellung losgelassen wird, vermag der Gelähmte zu gehen. Das ist dann der zweite Schritt.

Jesus sagt zu dem Gelähmten:

> *Steh auf, nimm dein Bett und geh nach Hause!*
> MARKUS 2,11

Lähmung hängt immer mit Angst und Hemmung zusammen. Die Angst lähmt und blockiert uns. Wir haben Angst, uns vor anderen zu blamieren. Wir haben Angst, einen Fehler zu machen, Angst, von anderen verurteilt oder negativ beurteilt zu werden. So bleiben wir lieber auf unserem Bett liegen. Wir bleiben lieber in unserer Passivität. Vom Bett aus können wir alles beobachten. Als Zuschauer wissen wir dann alles besser. Wir beurteilen die anderen und sehen bei den anderen alle möglichen Fehler. Aber wir selbst wagen es nicht, aufzustehen und das Bett unter den Arm zu nehmen.

Das Bett steht dabei für die Blockaden, für die Hemmungen und Unsicherheiten. Wir würden gerne aufstehen, wenn wir wüssten: Ab heute bin ich sicher, habe ich Selbstvertrauen. Ab heute schwitze ich nicht, wenn ich vor anderen auftrete. Da zittere ich nicht. Da ist meine Stimme nicht belegt. Ich trete mit großem Selbstbewusstsein auf.

Doch Jesus zeigt uns einen anderen Weg. Wir sollen aufstehen mitten aus unserer Schwäche, aus unseren Hemmungen und Blockaden. Wir sollen aufstehen mit unserer Angst und unserer Schüchternheit. Wir dürfen gehemmt und blockiert sein. Wir dürfen rot werden und schüchtern sein. Aber in unserer Unsicherheit und Schüchternheit sollen wir aufstehen, das Bett unserer Schüchternheit unter den Arm nehmen und einfach unseren Weg gehen.

Wenn wir Schüchternheit als Sozialphobie pathologisieren und mit Psychopharmaka bekämpfen, dann gehen wir zwar durch die Welt. Aber wir verlieren die Beziehung zu uns selbst. Wir sind ruhig gestellt. Und wir sind abgeschnitten von unseren Emotionen. Der Weg, den uns Jesus weist, heißt: Steh auf, verlass die Sicherheit deines Bettes und wage das Leben. Und nimm dein Bett unter den Arm. Lass dich nicht mehr ans Bett fesseln, sondern trage es mit dir. Dann kannst du deinen Weg gehen. Es wird gehen.

Ich erlebe immer wieder Menschen, die alles besser wissen. Sie sind schon um die vierzig Jahre alt, sind aber noch nie richtig aufgestanden, um das Leben zu wagen. Sie bleiben in ihrer Zuschauerrolle. Und mit der Kritik an all denen, die den Kopf hinhalten, rechtfertigen sie sich für ihr Nichtstun. Es lohnt sich ja nicht mitzumachen, wenn alle Akteure in der Politik oder in der Wirtschaft oder im Kloster nur um ihren Einfluss kreisen. Sie projizieren ihre eigenen Probleme in die aktiven Leute hinein. Und so haben sie allen Grund, nicht aufzustehen aus ihrem Grab und ins Leben einzugreifen. Denn wenn sie aufstehen und sich aufs Leben einlassen würden, würden sie auch verletzt. Im Grab sind sie todsicher, da können sie nicht mehr verletzt werden. Sie ziehen die Grabesruhe dem Leben vor. Denn Leben ist immer auch herausfordernd. Und wer sich aufs Leben einlässt, kann verletzt werden, kann als Verlierer vom Platz gehen. Da man nie verlieren will, wird man auch nie gewinnen.

Sich einrichten
in der Lebensmitte

Man kann sein Leben nicht nur in jungen Jahren versäumen, sondern auch in der Lebensmitte. Viele haben sich in der Lebensmitte eingerichtet. Sie haben sich in ihrem Beruf etabliert. Sie haben sich eingerichtet in einem gewissen Wohlstand. Jetzt geht es einfach so weiter. Sie haben den Eindruck: Ich habe das Leben geschafft. Ich bin angekommen. Jetzt ist auch etwas zu Ende gegangen. Das Kämpfen ist zu Ende.

Doch manche haben gar nicht die Hoffnung, dass da noch etwas Neues kommen möchte. Es sollte alles so bleiben, wie es ist. Sie sind satt. Es geht von ihnen nichts Neues aus. Und sie machen sich auch keine Gedanken, was sie selbst noch im Leben bewirken möchten. Manchmal hat man den Eindruck, dass bei ihnen wirklich etwas zu Ende ist:

Die Lebendigkeit ist zu Ende. Es ist nur noch ein Funktionieren, ein Dahinleben, aber kein wirkliches Leben mehr. Die ganze Energie wird darauf verwendet, den eigenen Status zu verteidigen. Es sind durchaus Menschen, die noch viel arbeiten. Aber ihrer Arbeit fehlt es an Vision. Sie decken mit der vielen Arbeit nur ihre Zweifel zu, ob das wirklich alles ist, was sie vom Leben wollen. Sie flüchten in die Arbeit, um der Sinnfrage aus dem Weg zu gehen: Für wen und wofür mache ich das alles? Hat meine Arbeit einen Sinn? Stiftet sie Segen für andere? Oder mache ich sie einfach, um zu beweisen, dass ich wichtig bin?

Der Mystiker Johannes Tauler hat schon im 14. Jahrhundert diese spirituelle Sattheit gesehen und die Spiritualität als einen Weg verstanden, aus dieser Sattheit auszusteigen. Er meint, oft würde Gott dann so einen Menschen, der sich allzu sehr eingerichtet hat, der im Beruf seinen Stand gefunden hat, ein Haus gebaut hat, es sich im Leben gut gehen lässt, ins Gedränge bringen, damit er sich neu aufmacht, wirklich zu leben. Tauler deutet das Gleichnis von der verlorenen Drachme in diesem Sinn:

> Wenn eine Frau zehn Drachmen hat und eine davon verliert, zündet sie dann nicht eine Lampe an, fegt das ganze Haus und sucht unermüdlich, bis sie das Geldstück findet? Und wenn sie es gefunden hat, ruft sie ihre Freundinnen und Nachbarinnen zusammen und sagt: Freut euch mit mir; ich habe die Drachme wiedergefunden, die ich verloren hatte.
>
> LUKAS 15,8f

Tauler vergleicht Gott mit einer Frau, die etwas sucht. Gott sucht bei dem Menschen, der sich allzu sehr in seinem Leben eingerichtet hat, für den alles klar ist und alles seinen Lauf nimmt, die verlorene Drachme, die verlorene Mitte, das verlorene Bild, das Gott sich von diesem Menschen gemacht hat. Sie haben sich mit einem Bild identifiziert, das nicht ihrem wahren Wesen entspricht.

Aber sie geben sich zufrieden mit dem Bild, das sie in ihrer Umgebung vermitteln: mit dem Bild des erfolgreichen Mannes oder der zufriedenen Frau, das Bild des angenehmen Mannes, mit dem man gut auskommt, und mit der attraktiven Frau, die ganz zu sich selbst steht. Doch sie haben das Bild übersehen, das Gott sich von ihnen gemacht hat. Sie haben aufgehört zu suchen.

Friedrich Nietzsche sagt: »Ich suche den Menschen.« Doch diese Menschen haben aufgehört, sich zu suchen. Wenn das so ist, so macht es Gott wie eine Frau, die etwas sucht. Sie verrückt die Schränke. Sie stellt die Stühle auf den Tisch. Sie macht den Boden des Raumes frei, um nach der verlorenen Drachme zu suchen. Gott führt diesen eingerichteten Menschen ins Gedränge, in eine Krise, eine innere Not. So kann der Mensch nicht mehr anders, als sich von Neuem auf die Suche zu machen. Gott führt diesen Menschen durch das Gedränge in den Seelengrund. Dort im Seelengrund findet Gott die Drachme, findet Gott das einmalige Bild wieder, das er sich von diesem Menschen gemacht hat. Und Gott bringt den Menschen, der sich in der Lebensmitte dem Gedränge stellt, in Berührung mit diesem einmaligen Bild.

Viele Menschen geraten in der Lebensmitte in eine Krise. Dann machen sie sich erneut auf den Weg. Aber viele verweigern den Impuls, in der Lebensmitte im eigenen Innern nach dem wahren Selbst zu suchen. Sie geben sich zufrieden mit dem, was sie erreicht haben. Sie wohnen lieber in einem gut möblierten Zimmer und scheuen die Mühe, das Zimmer von Grund auf zu reinigen, um die innere Mitte zu finden. Man könnte auf diese Menschen das Wort beziehen, das der Prophet Haggai zum Volk sagt, das zuerst für sich sorgen will und nicht für das Haus Gottes, nicht für das innere Heiligtum, das in jedem Menschen ist:

> *Ist die Zeit für euch da, in euren getäfelten Häusern zu wohnen, während dieses Haus in Trümmern liegt?*
>
> HAGGAI 1,4

Statt das innere Heiligtum aufzubauen, begnügen sich die Menschen, in gut eingerichteten Häusern zu leben. Doch dann bekommt das Leben den Geschmack des Vergeblichen. Dieser Geschmack wird in den Worten des Haggai erfahrbar:

> *Ihr sät viel aus und bringt wenig ein; ihr esst und werdet nicht satt; ihr trinkt, aber betrinken könnt ihr euch nicht; ihr kleidet euch, aber das Tuch hält nicht warm, und wer um Lohn dient, verdient in einen löcherigen Beutel.*
>
> HAGGAI 1,6

Es ist eine bildhafte Beschreibung des Menschen, der sich in seiner Lebensmitte eingerichtet hat. Er arbeitet viel. Aber die Arbeit trägt keine wirkliche Frucht. Sie bringt keinen Segen, weder für ihn noch für die Menschen, für die er arbeitet. Er isst und wird nicht wirklich satt. Seine Seele bleibt hungrig. Er trinkt, aber den Rausch des Lebens, die Lebendigkeit spürt er nicht. Und der Lohn, den er erhält, kommt in einen löcherigen Beutel. Er kann schnell wieder verloren gehen. Er ist niemals sicher.

Es braucht wohl auch in unserer Zeit Propheten, die die Menschen mit ähnlichen Worten wachrütteln, wie es der Prophet Haggai zu seiner Zeit getan hat. Damals dachten die Heimkehrer aus Babylon: Wir können den Tempel nicht bauen, weil wir zu arm sind. Der Prophet antwortet ihnen: Weil ihr den Tempel nicht baut, deshalb seid ihr arm.

Viele sagen: Ich kann mich der Spiritualität nicht widmen. Ich muss erst meinen Lebensunterhalt verdienen. Ich habe keine Zeit, in der Stille in mich zu gehen, weil ich im Äußeren zu viel zu tun habe. Aber das ist eine Ausrede. Das führt dann dazu, dass wir nur im Äußeren aufgehen. Aber wir verlieren den Kontakt zu unserem inneren Tempel. Und dann wird das ganze Leben trostlos. Wir haben uns eingerichtet. Alles läuft seinen Gang. Aber in Wirklichkeit ist es kein Leben, sondern nur ein Überleben.

Menschen, die sich in der Lebensmitte eingerichtet haben und ihr Leben versäumen, machen oft den Eindruck: Ich bin stolz auf das, was ich geschaffen habe. Jetzt darf ich mich endlich einmal ausruhen. Aber sie ruhen sich dann nicht nur von der Arbeit aus, sondern machen auch auf ihrem Entwicklungsweg Halt. Sie weigern sich, sich weiterzuentwickeln. Sie werden das, was die Achtundsechziger-Generation »Spießer« genannt hat. Der Ausdruck hat seine Geschichte. Schon im 17. Jahrhundert lästerten die Studenten über die Spießbürger und meinten damit engstirnige Menschen. Spießbürger waren die bewaffneten Stadtbürger. Sie meinten also, sie müssten ihre Städte gegen Fremde verteidigen.

Der Spießer meint auch, er müsse sich selbst gegenüber allem Neuen und Fremden verteidigen. Er baut nicht mehr weiter an seinem inneren Lebenshaus, sondern verteidigt das, was er bisher gebaut hat. Solche Menschen kreisen dann nur noch um die eigenen Interessen. Sie gründen Bürgerinitiativen. Aber denen geht es nicht um das Gemeinwohl, sondern nur um die eigenen Bedürfnisse. Sie wollen, dass alles beim Alten bleibt. Nichts soll ihren Horizont verändern. Niemand Fremdes darf ihre Kreise stören.

Es ist manchmal erschreckend, wie manche Menschen in der Lebensmitte innerlich erstarren. Von ihnen gehen keine neuen Ideen aus. Sie richten sich ein in ihrem Wohlstand. Ihr ganzes Interesse dreht sich nur noch darum, diesen Wohlstand zu sichern. Sie werden dann auch hart gegenüber ihren Kindern, vor allem dann, wenn diese in die Pubertät kommen. Doch oft übernehmen dann die Kinder ihre Schattenseiten. Sie verweigern das Leben, um ihren Eltern zu zeigen, dass sie eigentlich Lebensverweigerer sind. Sie halten ihnen einen Spiegel vor, in den aber nur wenige Eltern bereit sind zu schauen. Lieber klagen die Eltern dann über die Nichtsnutzigkeit der Kinder. Man würde vor sich selbst und vor anderen niemals zugeben, dass man das Leben versäumt.

Die innere Erstarrung wird oft überspielt durch äußere Aktivitäten. Man fährt von einem »Event« zum anderen. Man macht den Eindruck eines interessierten Menschen, der sich für die vielen Veranstaltungen interessiert, die da angeboten werden, für die vielen Weinfeste und Feuerwehrfeste und für alles Mögliche, wo etwas los ist. Aber mit ihrer Seele ist oft nicht mehr viel los. Die stagniert. Sie hat ihre Lebendigkeit verloren. Die Lebendigkeit würde nur wiedergewonnen, wenn man sich der Herausforderung der Lebensmitte stellt: den Weg nach innen zu gehen, einen neuen Sinn für die zweite Lebenshälfte zu entdecken und sich zu überlegen, welche Spur man in diese Welt eingraben möchte.

Die Antwort Jesu

Ich stelle mir den Gesetzeslehrer, der Jesus in eine theoretische Diskussion über den Weg zum ewigen Leben verwickeln möchte, als einen typischen Mann der Lebensmitte vor. Er kennt sich im Leben aus. Er weiß auf alles eine Antwort. Und seine Frage an Jesus, was man tun müsste, um das ewige Leben zu erlangen, ist eine rein theoretische Frage. Er möchte testen, wie intelligent Jesus ist, ob er seiner eigenen Theorie entspricht oder nicht.

Doch Jesus lässt sich nicht auf das Spiel des Gesetzeslehrers ein. Statt ihm zu antworten, stellt er ihm eine Frage:

> Was steht im Gesetz? Was liest du dort?
>
> LUKAS 10,26

Als der Gesetzeslehrer mit dem Doppelgebot der Liebe antwortet, bestätigt ihn Jesus. Aber er fügt etwas hinzu, was den Gesetzeslehrer verunsichert:

> Handle danach, und du wirst leben.
>
> LUKAS 10,28

Es geht nicht um theoretische Diskussionen, es geht darum, das Leben selbst zu wagen. Der Gesetzeslehrer weigert sich, den Schritt in die Realität zu tun. Er will die Diskussion wieder auf die theoretische Ebene heben. Und so fragt er Jesus:

> Und wer ist mein Nächster?

Jesus erzählt ihm das Beispiel vom barmherzigen Samariter. Und dann stellt Jesus dem Gesetzeslehrer die Frage, wer sich als Nächster des unter die Räuber gefallenen Mannes erwiesen hat.

> *Der Gesetzeslehrer antwortete: Der, der barmherzig an ihm gehandelt hat. Da sagte Jesus zu ihm: Dann geh und handle genauso!*
>
> LUKAS 10,37

Der Gesetzeslehrer wollte lieber diskutieren, wie man das ewige Leben gewinnt und wie man den Nächsten lieben könne. Er wollte auf der theoretischen Ebene bleiben. Doch Jesus unterhält sich nicht mit ihm, um interessante spirituelle Themen abzuhandeln. Jesus fordert ihn auf: »Geh und tu das Gleiche!« So ein Wort kann man nicht überhören. Darüber kann man nicht nachdenken. Man muss es einfach tun.

Jesus hat die Menschen herausgefordert. Und er möchte auch uns herausfordern: Geh und tu das, was du gehört hast. Tu das, was du erkannt hast. Höre auf, ständig nur zu überlegen, wie ein spirituelles Leben aussehen könnte oder wie du dich in der Welt verhalten solltest. Geh einfach hin und sei für deine Mitmenschen der Nächste. Handle barmherzig an denen, die ausgeplündert am Wegrand liegen. Geh nicht vorbei wie der Priester und der Levit. Sondern halt an, wende dich dem verwundeten Menschen neben dir zu und gieß Öl und Wein in seine Wunden. Und dann trag ihn zur Herberge, in der er gesund werden kann.

Die Evangelisten beschreiben noch eine andere ähnliche Situation. Auch da kommt ein Mann und fragt, wie er das ewige Leben erlangen kann. Auch ihn verweist Jesus auf die Gebote. Der Mann antwortet, er habe sie schon alle erfüllt. Ich stelle mir diesen Mann auch als einen Mann in der Lebensmitte vor. Er hat versucht, richtig zu leben. Er hat sich nicht nur in der äußeren Welt eingerichtet, sondern auch in seiner Spiritualität. Er hat versucht, alles richtig zu machen und alle Gebote Gottes zu erfüllen. Aber er spürt in seinem Herzen, dass ihm noch etwas fehlt. Und so schaut ihn Jesus an:

> Und weil er ihn liebte, sagte er: Eines fehlt dir noch: Geh, verkaufe, was du hast, gib das Geld den Armen, und du wirst einen bleibenden Schatz im Himmel haben. Dann komm und folge mir nach!
>
> MARKUS 10,21

Jesus spürt in diesem Menschen die Sehnsucht, weiterzugehen, sich nicht zufriedenzugeben mit den Geboten, die er gehalten hat. Er spürt, dass es noch mehr im Leben geben muss. Jesus traut diesem Mann zu, etwas Außergewöhnliches zu tun, zu verkaufen, was er besitzt und das Geld den Armen zu geben. Das ist keine Forderung, die für jeden gilt. Doch Jesus spürt, diese Radikalität würde dem Wesen dieses Mannes entsprechen. Das wäre der Weg, auf dem sein Leben Frucht bringt. Doch der Mann geht traurig weg, weil er ein großes Vermögen hat. Er kann sich nicht auf das Wort Jesu einlassen. Er hat in sich einen Impuls, radikaler und authentischer zu leben. Aber er hat nicht den Mut, dem Impuls zu folgen. Die Folgen sind Traurigkeit und Depression. Manchmal ist die Depression ein Zeichen dafür, dass wir unserem inneren Impuls nicht gefolgt sind. Weil wir das Leben verweigern, rebelliert unsere Seele mit Depression. So wäre die Depression eine Einladung, das Leben zu wagen, anstatt uns von den ängstlichen Stimmen in uns vom Leben abhalten zu lassen.

Matthäus begründet die Forderung Jesu mit der Vollkommenheit. Wenn ein Mensch mehr tun will als das Normale, wenn er ganz sein will, wenn er am Wesen Gottes selbst teilhaben will, dann ist der Verkauf des Vermögens ein guter Weg. Dann wird der Mensch ganz frei für Gott. Dann kann Gott allein in ihm herrschen. Markus zielt mit seiner Begründung mehr auf das Besondere dieses Mannes. Jeder Mensch ist einmalig. Und für jeden Menschen gibt es etwas anderes loszulassen, damit der Mensch zu dem wird, was in ihm angelegt ist. Für den einen ist es der Besitz, den er loslassen soll. Denn der Besitz kann auch den Menschen besitzen und besessen machen. Der Mensch definiert sich dann nur noch von dem, was er hat. Für den anderen ist es eine alte Gewohnheit, die er loslassen muss. Manche versäumen ihr Leben, weil sie sich nicht vorstellen können, an einem anderen Ort zu leben oder alte Gewohnheiten oder Beziehungen loszulassen. Sie halten fest am Alten und versäumen dann das Leben, das ihnen immer auch etwas Neues zutraut. Andere versäumen ihr Leben, weil es so viele Bedingungen gibt, die sie aufrechterhalten wollen für ihr Leben: den Wohnort, ihre schöne Wohnung, die Gewohnheit, die Möglichkeiten der Freizeit, die jährlichen Reisen da und dorthin, die Nähe zu den Freunden und so weiter.

Manche haben so viele Bedingungen an ihr Leben, dass das Leben nicht mehr stattfinden kann. Vor lauter Absicherungen der Bedingungen kann nichts Neues mehr wachsen. Leben hat aber mit Wachsen und mit der Neuheit zu tun. Leben, das nur zur Vergangenheit hin orientiert ist, ist kein Leben. Leben möchte immer auf die Zukunft hin gelebt werden.

Alte Menschen,
die nicht gelebt haben

In Gesprächen begegne ich öfter alten Menschen, die sich beklagen: Ich habe nie richtig gelebt. Eine Frau im Alter von sechsundachtzig Jahren erzählte mir: Ich habe mich immer nur angepasst. Aber ich habe nicht wirklich gelebt. Es war alles nur kleinherzig. Ich habe nicht gewagt, meine Lebensträume zu verwirklichen. Ich hatte Angst, ich würde es nicht schaffen. So habe ich mich damit zufriedengegeben, einfach zu funktionieren. Ich habe versucht, meinen Beruf einigermaßen gut auszufüllen. Aber mehr war in meinem Leben nicht drin. Jetzt bin ich alt und habe das Gefühl: Alles ist wertlos. Ich habe nicht gelebt.

Es tut mir innerlich weh, wenn ich von einem alten Menschen höre: Ich habe nicht gelebt. Ich versuche dann zu antworten: »Es ist nie zu spät, damit anzufangen. Würdigen Sie das, was Sie gelebt haben, auch wenn Sie den Eindruck haben, dass es nicht das wirkliche Leben war. Aber immerhin sind Sie so alt geworden. Irgendwie haben Sie Ihr Leben gemeistert. Betrauern Sie das, was Sie nicht verwirklichen konnten. Aber seien Sie auch dankbar für das, was Sie fertiggebracht haben. Immerhin sind Sie durch all das, was Sie erlebt haben, jetzt so alt geworden. Wenn Sie sich aussöhnen mit Ihrer Lebensgeschichte – auch wenn sie nicht Ihren eigenen Vorstellungen entspricht –, dann graben Sie *heute* Ihre Lebensspur in diese Welt ein. Dann kann Ihre Lebensspur eine Spur der Versöhnung und der Dankbarkeit sein. Dann können Sie in Ihrem Alter auch anderen Menschen, die ein ähnliches Gefühl haben, Hoffnung vermitteln.«

Bei manchen alten Menschen habe ich erlebt, wie sie wirklich auch im hohen Alter so beweglich waren, dass sie angefangen haben, bewusster und achtsamer zu leben. Sie haben versucht, sich auszusöhnen mit der Durchschnittlichkeit ihres Lebens. Und dann ist von ihnen Segen ausgegangen. Dann haben andere sich gerne mit ihnen unterhalten. Wenn ich bei Kursen solche alten Menschen als Teilnehmer dabei hatte, habe ich oft erlebt, wie die Kursteilnehmer diese Menschen geschätzt haben. Immerhin haben sie sich mit über achtzig Jahren noch aufgemacht, etwas Neues zu erleben, sich nicht nur Vorträge anzuhören, sondern sich auch den Übungen zu stellen und sich im Gespräch mit anderen zu öffnen. Das war für viele Menschen, die Ende fünfzig oder Anfang sechzig waren, ein Zeichen der Hoffnung. Die alten Menschen wurden als lebendig erlebt. Gerade weil sie nicht satt waren, sondern das Gespür hatten, noch nie richtig gelebt zu haben, waren sie auf der Suche nach dem Leben und haben so schon für die anderen Lebendigkeit ausgestrahlt.

Aber ich erlebe auch alte Menschen, die dann stecken bleiben in dem versäumten und ungelebten Leben. Sie jammern über ihre Vergangenheit. Sie klagen andere an, die daran schuld sind, dass sie nicht gelebt haben. Sie klagen ihre Eltern an, die sie nicht aus dem Haus ließen. Sie mussten immer für ihre Eltern sorgen. Doch wenn ich die Eltern anklage, klage ich letztlich mich selbst an. Ich lehne mich ab. Es wäre besser, zu betrauern, dass ich meinen Weg nicht selbstständig gegangen, sondern in der Enge des Elternhauses geblieben bin. Aber ich soll es auch würdigen, dass ich meine Eltern gepflegt habe, dass ich sie ausgehalten habe, dass ich mein Leben für sie hingegeben habe.

Manche Frauen haben das Gefühl, dass sie sich nur für ihre Kinder eingesetzt haben, die ihnen aber ihren Einsatz nicht danken, sondern im Gegenteil voller Undankbarkeit immer nur Forderungen stellen: Forderungen nach Geld und Unterstützung, anstatt das Leben selbst in die Hand zu nehmen. Andere Ehefrauen haben sich nur für ihren Mann eingesetzt, damit der seinen Beruf ausüben und auf der Karriereleiter höher klettern konnte. Dann hat sie der Mann verlassen. Und sie haben das Gefühl, umsonst gelebt zu haben, umsonst sich für den Mann hingegeben zu haben.

Immer wieder erlebe ich auch alte Menschen, die in der Nachkriegszeit keine Möglichkeit hatten, zu studieren oder die Ausbildung zu machen, nach der sie sich gesehnt haben. Sie haben sich für die Familie eingesetzt, damit die überleben konnte. Aber sie selbst sind nicht auf ihre Kosten gekommen. Und es gibt Menschen, die auf einmal erkennen: Ich habe nur für meinen Erfolg gelebt. Aber der ist brüchig. Mich selbst habe ich vernachlässigt. Ich habe mich nie getraut, wirklich zu leben. Wenn Menschen das erkennen, reagieren sie mit Trauer und Schmerz. Und es ist wichtig, den Schmerz zuzulassen. Denn nur wenn ich in den Schmerz hineingehe, wenn ich das unbelebte Leben betraure, kann es sich in Leben verwandeln. Und ich kann mich aussöhnen mit meiner Vergangenheit.

Im Betrauern gehen wir in den Schmerz hinein. Aber wir bleiben nicht im Schmerz stecken. Wir gehen hindurch auf den Grund unserer Seele. Und wir entdecken dann im Grund unserer Seele inneren Frieden. Wir entdecken das einmalige Bild, das Gott sich von uns gemacht hat. Viele haben keinen Mut, durch den Schmerz hindurchzugehen. Sie geben den Schmerz an ihre Umgebung weiter, indem sie entweder jammern und im Selbstmitleid aufgehen, oder aber, indem sie andere anklagen. Andere sind schuld an ihrem ungelebten Leben. Damit aber isolieren sie sich, weil keiner das ständige Jammern oder Anklagen anhören will. Und so wird ihre Situation immer unerträglicher. Sie haben nicht den Mut, ihr ungelebtes Leben zu betrauern und so in Lebendigkeit zu verwandeln. Sie bleiben stecken im Versäumen des Lebens, indem sie anderen die Schuld dafür geben.

Auch bei alten Menschen kann das Versäumen des Lebens sich hinter äußerer Aktivität verstecken. Man vertreibt sich seine Langeweile mit vielen äußeren Aktivitäten. Aber man vermeidet das, was im Alter eigentlich dran wäre: das Sich-Aussöhnen mit der Vergangenheit, das Erlernen der Altersmilde und Altersweisheit, das Aushalten der Einsamkeit, des Nichtmehrgebrauchtwerdens.

Wer sich aussöhnt mit seiner Vergangenheit, von dem geht Leben aus. Er versäumt sein Leben nicht, selbst wenn er nicht viele Kontakte hat. Aber man begegnet solchen Menschen gerne. Man spürt, dass sie lebendig sind.

Andere aber vergraben sich in ihrer Einsamkeit. Sie gehen nicht mehr aus dem Haus. Sie unternehmen selbst nichts mehr, sondern erwarten von ihren Kindern und Enkelkindern, dass sie zu Besuch kommen. Weil sie selbst nicht mehr leben, erwarten sie, dass andere Leben in ihr Haus bringen. Enkelkindern können in den Großvätern und Großmüttern neues Leben hervorlocken, aber nur, wenn diese bereit sind, sich auf sie einzulassen. Dann blühen sie auf und entdecken in sich neue Möglichkeiten. Sie schenken den Enkelkindern Vertrauen und begleiten sie auf ihrem Weg. Aber wenn sie die Enkelkinder benutzen, um ihre eigene Erstarrung zu überspielen, dann missbrauchen sie letztlich ihre Enkel. Und die merken das sehr schnell, ob sie willkommen sind und so sein dürfen, wie sie sind, oder ob sie die mangelnde Lebendigkeit der Großeltern ersetzen sollen.

Die Antwort Jesu

Wenn ich nach einer Antwort auf das ungelebte und versäumte Leben alter Menschen in der Bibel suche, dann fällt mir die Geschichte von der Heilung der blutflüssigen Frau ein. Diese Frau hat sich verausgabt. Sie wollte gesehen werden und hat alles dafür gegeben, damit sie gesehen wird. Aber es wurde immer schlechter mit ihr. Sie spürte keine Kraft mehr. Alles Blut, alle Lebendigkeit ist aus ihr herausgeflossen. Sie ist von einem Arzt zum anderen gegangen, damit ihr endlich geholfen würde. Aber es wurde nur immer schlimmer.

Das kennen wir bei manchen alten Menschen auch. Sie gehen von einem Arzt zum anderen. Weil ihre Sehnsucht nach Zuwendung von ihrem Ehepartner oder von Freunden nicht erfüllt wird, suchen sie nach der Zuwendung des Arztes. Doch das muss schiefgehen, weil sie nur als Patienten gesehen werden, aber nicht als diese einmalige Frau oder dieser einmalige Mann.

Vor allem alte Frauen haben oft alles gegeben. Sie haben sich für die Familie eingesetzt, die alten Eltern gepflegt. Doch jetzt haben sie den Eindruck, dass sie keine Kraft mehr in sich haben. Und jetzt, da sie selbst Hilfe oder Zuwendung brauchen, ist niemand für sie da. Das macht manche bitter.

Der erste Schritt der Heilung der blutflüssigen Frau besteht darin, dass sie sich etwas nimmt. Sie hat in ihrem Leben genug gegeben. Jetzt hat sie den Mut, sich den Zipfel vom Gewand Jesu zu nehmen. Und schon hört der Blutfluss auf. Viele alte Menschen haben den Eindruck, dass sie ihr Leben versäumt haben, weil sie immer nur gegeben und nie etwas genommen, sich nie etwas gegönnt haben. Wenn ihnen das Geben Freude bereitet, ist es gut.

Aber wenn unbewusst mit dem Geben die Erwartung verknüpft ist, für das Geben auch etwas zu bekommen, dann kommt man immer zu kurz. Und dann geht es einem wie der blutflüssigen Frau. Man wird immer schwächer und kränker.
Jesus sieht die Frau an. Er nimmt sie wahr als diese einmalige Frau. Und er spricht sie an:

> *Meine Tochter, dein Glaube hat dir geholfen. Geh in Frieden!*
>
> MARKUS 5,34

Die Frau würde nach ihrer Heilung gerne die Nähe Jesu genießen. Doch sie soll gehen, fortgehen, aber nicht irgendwie, sondern in der Haltung des Friedens. Im Lateinischen heißt es: »Vade in pace«, das würde bedeuten, in der Haltung des Friedens seinen Weg gehen. Im Griechischen heißt es dagegen: »Hypage eis eirenen.« Das bedeutet: »Geh in den Frieden hinein.« Wenn du von mir weggehst, sollst du in den Frieden hineingehen. Der Friede erwartet dich. Aber du musst den Frieden auch vor Augen haben, damit du in ihn hineingehen kannst. Das Ziel deines Weges ist der Friede. Geh hinein in die Versöhnung mit dir selbst und mit dem Leben.

Jesus sagt der Frau: Du hast jetzt in der Heilung Frieden erfahren. Aber jetzt geh immer tiefer in diesen Frieden hinein. Er ist dir nicht ein für alle Mal geschenkt. Du musst in ihn hineintauchen und hineingehen. Die Frau soll nicht mehr von einem Arzt zum anderen gehen, sondern in den Frieden hinein, in den Einklang mit sich selbst, in die Versöhnung mit sich selbst.

Wenn sie in den Frieden hineingeht, dann wird auch ihre Sehnsucht nach Anerkennung und Zuwendung gestillt. Sie wendet sich zu sich selbst, und sie erkennt sich selbst an. So kann sie auch dankbar die Zuwendung genießen, die ihr von anderen zukommt, anstatt zu jammern, dass sie zu wenig bekommt.

Oft werden alte Menschen, die das Gefühl haben, ihr Leben versäumt zu haben, depressiv. Die Depression ist dann Ausdruck für das ungelebte Leben. Anstatt das ungelebte Leben zu betrauern, flüchtet man in die Depression, in der man letztlich die Augen vor dem versäumten Leben verschließt.

Die Antwort, die Jesus auf dieses Sich-Verschließen gibt, erkenne ich in der Heilung eines Blinden in der Nähe von Betsaida. Jesus heilt ihn, indem er ihn aus dem Dorf herausführt, damit er allein mit ihm sein könnte. Dann bestreicht er seine Augen mit Speichel.

Es ist eine mütterliche Geste. Die Mutter bewertet nicht. Jesus bewertet das Blindsein nicht, er bewertet auch die Depression des alten Menschen nicht. Er berührt liebevoll seine Augen, damit er Mut findet, die Augen zu öffnen und sein ungelebtes Leben anzuschauen. Doch Jesus muss zweimal ansetzen. Beim ersten Mal sieht der Blinde die Menschen nur wie Bäume, wie schattenhafte Umrisse. Erst beim zweiten Mal bekommt der Blinde den Mut, der Wirklichkeit ins Auge zu sehen. Dann schickt ihn Jesus nach Hause. Doch er sagt dazu:

> *Geh aber nicht in das Dorf hinein!*
> MARKUS 8,26

Er soll nicht zu den Leuten gehen, die ihn bestaunen. Er soll allein gehen, damit sich die neue Sichtweise in ihm durchsetzen kann.

Sein Leben leben bedeutet oft auch, eine Strecke des Weges alleine zu gehen. Denn wenn ich immer mit anderen Menschen lebe, werde ich leicht auch abhängig von ihrer Sichtweise. Jesus öffnet uns die Augen, damit wir mit unseren eigenen Augen auf unser Leben schauen. Damit wir die neue Sichtweise durchhalten, ist es wichtig, nicht in das Dorf hineinzugehen, nicht sofort die Gesellschaft zu suchen. Den Weg zum Leben zu finden ist immer auch meine ureigenste Aufgabe. Und dazu brauche ich Zeiten des

Rückzugs und der Besinnung. Aber zuletzt muss ich einfach gehen: meinen Weg gehen, der mich zum Leben führt. Und das bedeutet: Es ist nie zu spät, seinen eigenen Weg zu gehen. Auch wenn ich mein Leben bisher versäumt habe, so kann ich jetzt anfangen, mit offenen Augen durch das Leben zu gehen und meinen eigenen Weg zu finden. Ich kann versuchen, meine ganz persönliche Lebensspur in diese Welt einzugraben.

Dem anderen Blinden, dem blinden Bettler Bartimäus, sagt Jesus, als er zu ihm kommt:

> *Geh! Dein Glaube hat dir geholfen. Im gleichen Augenblick konnte er wieder sehen, und er folgte Jesus auf seinem Weg.*
> MARKUS 10,52

Der Blinde hätte sicher gerne die Heilung erfahren, während Jesus ihn berührte. Doch Jesus berührt ihn nicht. Er schickt ihn auf den Weg. Indem er sich auf den Weg macht, geschieht die Heilung.

Das ist eine Haltung, die den Versäumern des Lebens völlig fremd ist. Viele versäumen ihr Leben, weil sie sich absichern wollen. Sie wollen zuerst vom Arzt und vom Psychologen bestätigt bekommen, dass sie gesund sind. Dann werden sie langsam ihr Leben planen. Bei Jesus geht es umgekehrt: Er schickt den Blinden auf den Weg. Und indem der Mann sich auf den Weg macht, erfährt er, dass er geheilt ist. Heute machen viele keinen Schritt ins Leben, bevor sie nicht letzte Sicherheit haben, dass das Leben auch gelingt. Jesus traut dem Blinden zu, dass er die ersten Schritte tut, obwohl er nichts sieht. Und indem der Blinde wagt zu gehen, wird er im gleichen Augenblick geheilt.

Gehen hat mit Glauben zu tun. Das zeigt uns auch die Abrahamsgeschichte. Gott befiehlt ihm, auszuziehen aus seiner Heimat, aus seinem Vaterland und aus seiner Stadt. Abraham ist als der, der auszieht, Vorbild des Glaubens. Wenn Jesus zum blinden Bartimäus sagt »Geh! Dein Glaube hat dir geholfen«, so kann das auch bedeuten: Indem du gehst, glaubst du. Indem du dich auf den Weg machst, gehst du immer tiefer in den Glauben hinein. Gehen und Glauben gehören zusammen. Sie verstärken sich einander.

Der Glaube gibt mir das Vertrauen, mich auf den Weg zu machen. Und indem ich gehe, wachsen mein Glaube und mein Vertrauen. Das kommt auch in dem Wort zum Ausdruck, das Jesus dem Samariter sagt, der als Einziger von den zehn geheilten Aussätzigen zu Jesus zurückkehrt und vor ihm niederfällt, um ihm für die Heilung zu danken:

> *Steh auf und geh! (»anastas poreuou«) Dein Glaube hat dir geholfen.*
>
> LUKAS 17,19

Indem ich aufstehe und gehe, erfahre ich den Glauben. Und so kann ich glaubend und vertrauend meinen Weg weitergehen. Jesus traut auch dem alten Menschen etwas zu, der sich ständig Vorwürfe macht, weil er sein Leben nicht wirklich gelebt hat. Er traut ihm zu, dass er wie der Aussätzige rein wird, das heißt, dass er sich selbst annehmen kann, dass er Ja sagen kann zu seiner eigenen Lebensgeschichte und Ja sagen zu seinem ungelebten Leben. Wenn ich das bejahen kann, kann sich mein Leben verwandeln. Und ich beginne, wirklich neu zu leben, meinen persönlichen Weg zu gehen.

Ich habe etwas versäumt

In Gesprächen höre ich oft das Wort: »Ich habe etwas Wichtiges versäumt.« Da ist einmal die Angst der Jungen, sie könnten etwas versäumen. Sie könnten dieses oder jenes Erlebnis versäumen. Wenn ihr Freund oder ihre Freundin erzählen, dass sie in Australien gewesen sind und dass es dort ganz toll gewesen sei, meinen sie, sie müssten unbedingt auch nach Australien fliegen. Sie müssten das nachmachen, was die Freunde vorgemacht haben. Sie fragen sich gar nicht, ob das ihrem inneren Gespür entspricht. Sie haben den Eindruck, etwas zu versäumen, wenn sie nicht die gleiche Reise auch machen. Wenn jemand von einer neuen Sportart erzählt, die »super« ist, kauft man sich gleich die Ausrüstung, die für diese Sportart nötig ist. Man will dabei sein. Man will nichts versäumen.

Alles, was diese jungen Leute im Fernsehen oder im Internet sehen, was heute modern und »in« ist, das müssen sie nachmachen. Sonst haben sie den Eindruck, sie hätten Wichtiges versäumt. Sie müssen alles auch erleben, wo es etwas Außergewöhnliches gibt. Sie setzen sich selbst unter Leistungsdruck, dies oder das, von dem andere erzählen, auch mitmachen zu müssen. Doch vor lauter äußeren Erlebnissen, die sie nicht versäumen möchten, versäumen sie ihr Leben, versäumen sie das Eigentliche, um das es im Leben geht: dass sie ganz sie selbst werden und ihre eigene Lebensspur in die Welt eingraben.

Dann gibt es das Bedauern, dass ich Wichtiges versäumt habe, aber auch immer wieder im Laufe des Lebens. In der Lebensmitte erkennen manche Menschen: Ich habe meine Kindheit versäumt. Ich durfte nie Kind sein. Ich musste zu früh Verantwortung übernehmen. Ich musste früh die Stelle der Mutter oder des Vaters übernehmen. Damit war ich überfordert. Ich konnte nicht einfach sorglos spielen. Anstatt bei meiner Mutter Geborgenheit zu finden, musste ich für sie sorgen. Anstatt mich bei meinem Vater anlehnen zu können, hat er mich gebraucht, um seine Bedürfnisse nach Nähe zu erfüllen.

Oder man erkennt: Ich war in der Jugend zu angepasst. Ich habe die Pubertät versäumt. Ich habe versäumt, für meinen eigenen Weg zu kämpfen. Es war mir wichtiger, bequem weiterzugehen. So habe ich es versäumt, mich von den Eltern abzugrenzen, gegen sie zu rebellieren, um meine eigene Identität zu finden. Wichtiger war mir, dass ich gut versorgt war. Jetzt spüre ich, dass ich einen bedeutenden Entwicklungsschritt in meinem Leben nicht gegangen bin. Bei manchen Menschen hat man den Eindruck, dass sie jetzt mit fünfzig Jahren ihre Pubertät nachholen. Doch das wirkt dann oft sehr peinlich.

Solche Menschen sagen dann: Ich habe das Studium gewählt, von dem mich meine Eltern überzeugt haben. Ich habe gar nicht in mich hineingehört, was für mich stimmt. Ich hatte keine Leidenschaft für das Studium, sondern ich wollte den Weg gehen, auf dem ich am wenigsten anecke. Und bei der Berufswahl war es ähnlich. Ich habe mich einfach treiben lassen oder von den Eltern zu etwas drängen lassen. Es klang alles vernünftig, was sie sagten. Aber ich habe nicht auf mich gehört. Ich habe versäumt, die Weichen so zu stellen, dass mein Zug in die Richtung fährt, die ich möchte.

Ein Mann – um die fünfzig Jahre alt – hat das Gefühl, seine Familie versäumt zu haben. Er hat nur für den Beruf gelebt. Er hat seine Frau mit ihren Bedürfnissen übersehen. Er hat ihr die Verantwortung für die Kinder überlassen. Er hat versäumt, die Kinder auf ihrem Weg des Erwachsenwerdens zu begleiten. Jetzt brauchen die Kinder ihn nicht mehr. Sie fragen ihn nie um Rat. Er hat das Gefühl, etwas Wesentliches in seinem Leben versäumt zu haben. Vor lauter Arbeit hat er das Leben, das Miteinander, sein Vatersein versäumt.

Bei Führungsseminaren erlebe ich oft, dass Frauen eine große Karriere gemacht haben. Sie haben ihre Fähigkeiten bewiesen und große Erfolge erzielt. Aber nun sind sie fünfunddreißig oder achtunddreißig Jahre alt. Und sie spüren: Ich habe versäumt, eine Familie aufzubauen. Ich wollte immer Kinder. Doch jetzt scheint es zu spät zu sein. Ich komme aus dem Hamsterrad der beruflichen Karriere nicht mehr heraus. Jetzt ist es zu spät, eine Familie zu gründen. Diese Erkenntnis stürzt viele Frauen, die Ende dreißig sind, in eine heftige Krise. Sie haben wichtige Lebensabschnitte versäumt, weil sie zu sehr auf ihren Beruf fixiert waren.

Sehr oft taucht das Gefühl, etwas versäumt zu haben, auf, wenn ein lieber Mensch stirbt. Da stirbt die Mutter. Und die Tochter und der Sohn haben den Eindruck: Ich habe versäumt, ihr zu sagen, was sie mir bedeutet hat. Ich habe versäumt, sie zu fragen, wie sie ihr Leben gemeistert hat, wie sie ihre eigene Kindheit und Jugend erlebt hat. Sie hat ganz viel ins Grab mitgenommen, was ich gerne gewusst hätte. Aber ich habe versäumt, mit ihr über wichtige Dinge ihres Lebens zu sprechen. Ich habe versäumt, mit ihr auch über meine eigene Kindheit zu sprechen, über das, was mir schwergefallen ist. Ich hätte gerne gewusst, wie sie das erlebt hat, als ich mich einsam gefühlt habe, als ich mich übersehen gefühlt habe. Vielleicht war sie damals zu sehr mit sich beschäftigt. Aber jetzt bleibt mir nur die Spekulation über das, was gewesen sein könnte. Ich habe versäumt, mit ihr über ihr und mein Leben ins Gespräch zu kommen.

Eine Mutter betrauert den Tod ihres Sohnes, der mit dreißig Jahren bei einem Verkehrsunfall ums Leben kam. Was ihr den größten Schmerz bereitet, ist, dass sie versäumt hat, mit ihm über das zu sprechen, was ihn bewegt. Er wohnte in einer anderen Stadt. Sie haben manchmal telefoniert. Aber sie spürt: Ich habe nicht wirklich gewusst, was ihn bewegt, womit er sich in seinem Innern beschäftigt. Ich habe ihm zu wenig Zuwendung geschenkt, zu wenig Interesse an dem, was in ihm vorgeht.

Der Tod hat etwas Endgültiges. Er zeigt uns, wie viel wir versäumen im Umgang mit den Menschen, die wir lieben. Wir leben mit ihnen oder neben ihnen, aber wir versäumen es, über das zu sprechen, was unser Herz fühlt. Wir bleiben oft zu sehr an der Oberfläche. Beim Tod jedes Menschen tauchen Schuldgefühle auf. Wir erkennen dann plötzlich, wie viel wir noch hätten tun oder sagen können und es nicht getan und nicht gesagt haben. Aber es hilft dann nicht, sich ständig Vorwürfe zu machen, dass wir dies oder jenes versäumt haben. Wir sollen betrauern, dass wir manches versäumt haben. Aber dann sollten wir die Erinnerung an das Versäumte als Mahnung verstehen, jetzt bewusster und achtsamer zu leben. Ein anderer Weg wäre, das, was ich meinem verstorbenen Sohn, meiner verstorbenen Mutter, meinem verstorbenen Vater nicht gesagt habe, in einem Brief zu formulieren. Ich schreibe an den Verstorbenen und sage ihm alles, was mir am Herzen liegt. Und dann schreibe ich einen Brief von meinem verstorbenen Sohn, Mutter, Vater an mich. Für viele ist diese Übung eine große Hilfe, die Selbstvorwürfe loszulassen. Sie spüren beim Schreiben, dass es nie zu spät ist, das Versäumte nachzuholen. Aber zugleich lädt diese Übung auch dazu ein, in Zukunft sensibler zu sein und das, was ich im Herzen spüre, dem anderen auch zu sagen.

Eine Frau erkannte in der Trauer über den Tod ihres Vaters, dass sie es versäumt hatte, ihre Beziehung zu ihm aufzuarbeiten, sich mit ihm zu versöhnen. Sie hat auch die Gelegenheit verstreichen lassen, mit ihm darüber zu sprechen, was sein Leben ausgemacht hat, wofür er gelebt hat, warum er sich so verhalten hat. Jetzt kann sie nicht mehr mit ihm sprechen. Auch da ist es wichtig, zu betrauern, was ich versäumt habe, aber zugleich durch die Trauer hindurch einen neuen Anfang zu setzen. Ich kann mich auch jetzt noch mit dem Vater auseinandersetzen. Natürlich wird immer wieder der Schmerz hochkommen, dass ich dies oder jenes noch gerne mit dem Vater besprochen hätte. Diesen Schmerz muss ich annehmen und mich von ihm einladen lassen, mich jetzt mit dem Vater zu beschäftigen, so gut es noch geht.

Die Antwort Jesu

Wenn ich in den Evangelien nach einer Antwort Jesu auf das Gefühl suche, etwas versäumt zu haben, dann fallen mir zwei Gleichnisse ein. Das erste ist das Gleichnis von den Arbeitern im Weinberg. Ein Gutsherr sucht schon am frühen Morgen nach Arbeitern in seinem Weinberg. Und er geht immer wieder auf den Markt, um nach Arbeitern zu suchen: um die dritte Stunde (9 Uhr), um die sechste (12 Uhr) und um die neunte Stunde (15 Uhr). Er geht ein letztes Mal um die elfte Stunde (17 Uhr) auf den Markt. Es ist eine Stunde vor Arbeitsschluss. Da trifft er auf einige Leute, die dort herumstehen.

> Er sagte zu ihnen: Was steht ihr hier den ganzen Tag untätig herum? Sie antworteten: Niemand hat uns angeworben.
> MATTHÄUS 20,6f

Diese Leute haben ihr Leben versäumt, weil niemand sie gewollt hat. Niemand hat ihnen eine Aufgabe aufgetragen. Und von alleine waren sie zu passiv, um sich etwas zu suchen, wofür sie sich engagieren konnten. Das ist ein schönes Bild für das Versäumen des Lebens. Ich stehe einfach herum und warte, dass andere etwas von mir wollen. Ich selbst ergreife nicht die Initiative, um mein Leben in die Hand zu nehmen, um das zu tun, was dran ist. Doch die frohe Botschaft dieses Gleichnisses ist, dass es auch für diese Menschen nicht zu spät ist. Der Gutsbesitzer stellt sie auch für die eine Stunde noch an, dass sie in seinem Weinberg arbeiten. Bei der Auszahlung des Lohnes kommen sie sogar als Erste dran. Und sie bekommen genau wie die Arbeiter, die schon zur ersten Stunde in den Weinberg gingen und zehn Stunden lang gearbeitet haben, den gleichen Lohn: den Tageslohn von einem Denar, wie er damals üblich war.

Das ist die frohe Botschaft: Es ist nie zu spät, dem inneren Ruf zu folgen und in den Weinberg zu gehen, um darin zu arbeiten. Es ist nie zu spät, mit dem Versäumten anzufangen. Entscheidend ist, dass ich offen bleibe für den inneren Impuls, der mich zum Leben antreibt. Anstatt nur Trübsal zu blasen, dass ich bis jetzt noch nicht gelebt habe, soll ich jetzt dem inneren Anruf folgen. Dann wird mein Leben gelingen.

Das zweite Gleichnis, das mir einfällt, ist das Gleichnis von den zehn Jungfrauen. Fünf Jungfrauen waren klug und fünf töricht. Töricht meint nicht, dass sie nicht intelligent waren, sondern dass sie einfach dumpf vor sich hingelebt haben. Sie sind zur Hochzeit eingeladen. Aber sie nehmen nur ihre Lampen mit, jedoch kein Öl, das die Lampen am Brennen halten soll, wenn die Ankunft des Bräutigams sich verzögert. Eine Verzögerung beim Kommen des Bräutigams war damals üblich, denn man verhandelte oft länger über den Brautpreis.

Doch die törichten Jungfrauen leben einfach in den Tag hinein. Sie rechnen nicht mit einer Verzögerung. Als dann der Ruf erschallt: »Der Bräutigam kommt«, merken die törichten Jungfrauen, dass sie kein Öl mehr haben. Sie bitten die klugen, sie sollten ihnen von ihrem Öl geben. Doch die antworten:

> *Dann reicht es weder für uns noch für euch; geht doch zu den Händlern und kauft, was ihr braucht.*
>
> MATTHÄUS 25,9

Die törichten Jungfrauen haben versäumt, für sich zu sorgen. Jetzt ist es zu spät. Sie wollten sich auf die anderen verlassen, die ihr Versäumnis ausgleichen. Diese Haltung spüre ich bei vielen Menschen. Sie leben einfach in den Tag hinein und denken: Die anderen werden schon für mich sorgen. Sie werden das, was ich versäumt habe, schon ausgleichen. Doch diese Haltung trägt auf Dauer nicht. Die törichten Jungfrauen können sich nicht auf die klugen verlassen. Sie müssen nun selbst aktiv werden und in das Dorf gehen, um Öl zu kaufen. Doch gerade während sie im Dorf sind, kommt der Bräutigam. Er zieht in den Hochzeitssaal, und die Tür wird geschlossen. Als die törichten Jungfrauen endlich vom Kaufen zurückkommen, stehen sie vor verschlossenen Türen. Und auf ihr Rufen hin, man sollte ihnen öffnen, sagt der Herr:

> *Amen, ich sage euch: Ich kenne euch nicht.*
> MATTHÄUS 25,12

Es ist das typische Bild des Zu-spät-Kommens, das wir aus den Träumen kennen. Das Motiv meint: Du lebst in der Vergangenheit. Du lebst nicht wirklich. Du bist nicht im Augenblick. Daher ist die Mahnung, die Jesus am Ende des Gleichnisses für uns alle ausspricht:

> *Seid also wachsam: Denn ihr wisst weder den Tag noch die Stunde!*
> MATTHÄUS 25,13

Wir sollen aufwachen und mit wachen Augen unser Leben leben. Einfach so in den Tag hineinleben führt dazu, dass wir irgendwann erkennen: Wir haben nicht gelebt. Jetzt ist es zu spät. Jetzt ist die Tür zu unserem eigenen Inneren verschlossen. Jetzt haben wir die Chancen verpasst, die sich in unserem Leben geboten haben. Doch das Gleichnis ist nicht nur eine Mahnung, sondern will uns zugleich auch die Hoffnung machen: Wenn du jetzt die Augen aufmachst, dann wird dein Leben gelingen.

Noch eine Geschichte fällt mir ein, in der es um das Versäumen geht. Die Zöllner haben versäumt, den guten Weg zu wählen. Sie haben ihre ganze Hoffnung auf das Geld gesetzt. Doch Jesus gibt ihnen eine Chance. Er fühlt sich berufen, die Sünder zu rufen und die, die sich verirrt haben, auf den richtigen Weg zu bringen. Aber auch die Pharisäer haben etwas versäumt. Vor lauter Selbstgerechtigkeit haben sie versäumt, die Haltung einzuüben, die vor allem Gott entspricht: die Barmherzigkeit. Sie regen sich über Jesus auf, dass er den Sündern, denen, die an sich selbst vorbeileben, eine Chance gibt. Jesus antwortet ihnen:

> *Nicht die Gesunden brauchen den Arzt, sondern die Kranken. Darum geht hin und lernt, was es heißt: Barmherzigkeit will ich, nicht Opfer.*
>
> MATTHÄUS 9,13

Der Ausdruck »geht hin und lernt« ist »die Wiedergabe eines palästinensischen Schulausdrucks« (Grundmann, S. 270). Jesus fordert die Pharisäer auf, hinzugehen und zu lernen. Das Lernen ist nicht einfach ein Tun im Sitzen. Es wird durch das »Gehen« eingeleitet. Ich muss mich auf den Weg machen, um etwas zu lernen. Das griechische Wort »mathein« heißt: lernen, erfahren, einsehen, verstehen. Es geht nicht darum, etwas auswendig zu lernen, sondern etwas einzusehen. Doch das kann ein schmerzlicher Prozess sein. Es bedeutet, sich zu verabschieden von seinen bisherigen Sichtweisen. Und das geht nur über ein Betrauern der bisher falschen Sichtweise. Daher bringt der Hebräerbrief »mathein« mit »pathein« = »leiden« zusammen. Jesus lernte durch Leiden:

> *Obwohl er der Sohn war, hat er durch Leiden den Gehorsam gelernt. (»emathen« – »epathen«)*
>
> HEBRÄERBRIEF 5,8

Das wahre Lernen geschieht, wenn wir uns auf das Leben einlassen und an uns und unserem versäumten Leben leiden. Das Leiden an uns selbst führt uns zu unserer inneren Wahrheit. So schickt Jesus auch uns auf den Weg, damit wir das Entscheidende lernen. Und das Entscheidende an seiner Botschaft ist die Barmherzigkeit. Es geht nicht um Opfer, um Leistung, sondern um Barmherzigkeit. Aber um sie zu lernen, müssen wir uns auf den Weg machen. Und es verlangt einen schmerzlichen Abschied von unserer bisherigen Lebensphilosophie.

Psychopharmaka als Ersatz

Eine heute weit verbreitete Art, dem Leben auszuweichen und es zu versäumen, ist die Sucht, alle Probleme sofort mit Psychopharmaka zu lösen. Ein amerikanischer Psychiater meinte: Die Pharmaindustrie in Amerika gibt heute mehr Geld für Marketing aus als für die Forschung. Sie ist gar nicht daran interessiert, nach neuen Möglichkeiten der Heilung zu forschen. Sie forscht nur danach, wie sie ihre Produkte möglichst weit verbreiten kann. Und dazu schafft sie selbst immer neue Krankheiten. Schüchternheit ist eine Eigenschaft, mit der sich viele Menschen herumschlagen. Schüchterne Menschen sind aber oft sehr sympathische Menschen. Es sind Menschen, die sich eher zurückhalten. Und solche Menschen braucht unsere Gesellschaft genauso wie die Vorlauten, die sich in den Mittelpunkt stellen. Doch die Pharmaindustrie hat die Schüchternen als neue potenzielle Kunden entdeckt. So hat sie Schüchternheit als Sozialphobie eingestuft. Und sie behandelt die Sozialphobie mit den gleichen Pillen, die sie auch für die Depression entwickelt hat. Nur färbt sie die Pillen violett, um einen Unterschied zu machen. Doch mit der medikamentösen Behandlung der Schüchternheit schafft die Pharmaindustrie den Einheitsmenschen. Und sie schneidet ihn ab von seinem Innersten. Diese Menschen funktionieren, aber sie leben nicht. Sie kommen nicht in Berührung mit ihrem wahren Selbst.

Natürlich können Psychopharmaka auch ein Segen sein. Gerade schwer depressive und schizophrene Menschen brauchen Psychopharmaka, um von ihrer Krankheit nicht beherrscht zu werden. Die innere Zerrissenheit wird ausgeglichen durch Medikamente. Auch manisch-depressive Menschen können durch Psychopharmaka ein relativ gutes Leben führen. Wenn Psychopharmaka richtig eingesetzt werden, sind sie ein Segen für den Menschen. Der Einsatz von Psychopharmaka hat viele Dauerpatienten aus den psychiatrischen Kliniken befreit und ihnen durch ambulante Behandlung ein einigermaßen normales Leben ermöglicht. Aber heute besteht die Gefahr, dass man Psychopharmaka für alle Probleme einsetzt. Man hat als Ziel den immer funktionierenden Menschen und möchte ihn vor heftigen Emotionen bewahren. Er soll vor seinen eigenen Emotionen geschützt werden. Doch ohne Emotionen wird der Mensch zu einer Maschine, die nur noch funktionieren soll.

Ängste und traurige Gefühle gehören wesentlich zum Menschen. Doch heute sind wir in Gefahr, alles sofort zu pathologisieren. Wenn ich Angst habe, wird mir eingeredet, ich hätte eine Angststörung oder eine Angsterkrankung. Doch Angst gehört wesentlich zum Menschen. Und das Gespräch mit der Angst könnte mir die Augen dafür öffnen, dass ich mit einer falschen Einstellung durch das Leben gehe. Ich will immer perfekt sein, absolut keinen Fehler machen, immer gut dastehen vor den Menschen. Doch das sind Haltungen, die uns nicht guttun. Wir sollten dankbar sein, wenn unsere Seele auf solche Fehlhaltungen mit Angst reagiert.

Die Angst möchte uns einladen, eine angemessene Einstellung zu uns und unserem Leben zu entwickeln. Wenn jede Angst durch Medikamente unterdrückt wird, dann wollen wir uns als Menschen nicht wandeln. Wir wollen nur das lästige Symptom loswerden. Aber wir sind nicht bereit, die Herausforderung anzunehmen, die die Angst an uns stellt.

Es ist die Herausforderung, unsere Einstellung und Erwartung an das Leben zu verändern und unserem Maß entsprechend zu leben. Doch wir wollen lieber in unserer Maßlosigkeit weiterleben und versäumen damit einen entscheidenden Schritt: den Schritt, uns mit unserer eigenen Begrenztheit und Brüchigkeit auszusöhnen.

Ähnlich ist es mit der Traurigkeit. Die Melancholie war im Mittelalter das Kennzeichen eines Genies. Und sie war und ist für viele Künstler eine Quelle der Kreativität. Natürlich kann die Melancholie auch krankhaft werden. Aber nicht jede Traurigkeit ist eine Krankheit.

In unserer Welt, in der wir alles positiv sehen wollen, hat die Traurigkeit keinen Platz. Und doch wäre die Traurigkeit ein wichtiges Gefühl, das wir akzeptieren sollten. Wenn wir unsere Traurigkeit anschauen, zeigt sich uns manchmal, dass wir irgendwelchen infantilen Illusionen nachhängen. Die Traurigkeit lädt uns ein, uns davon zu verabschieden. Wenn ich meine traurigen Gefühle anschaue und durch sie hindurchgehe, dann führen sie mich in den Grund der Seele. Und dort entdecke ich mein wahres Selbst. Die Traurigkeit ist ein guter Weg in die Tiefe der Seele. Sie zeigt mir, dass das Leben nicht nur oberflächlich und leicht ist. Aber unsere Gesellschaft möchte nur die Oberflächlichkeit. Sie möchte nicht verunsichert werden durch andere Gefühle, die aber zum Wesen des Menschen gehören. Und so wird jedes Gefühl von Traurigkeit schon als depressive Stimmung oder gar als Zeichen von Depression als Krankheit gesehen und mit Psychopharmaka bekämpft. Depression *kann* eine Krankheit sein, und dann sind Medikamente hilfreich. Aber nicht jedes traurige Gefühl ist schon Depression.

Die Trauer um den Tod eines lieben Menschen gehört wesentlich zu unserem Leben. Wir können die Trauer nicht überspringen, sondern müssen durch sie hindurchgehen, um dann eine neue Beziehung zum Verstorbenen und zu uns selbst aufzubauen. Doch von manchen Psychiatern wird eine Trauer, die länger als zwei Wochen dauert, schon als Krankheit eingestuft, die man mit Psychopharmaka zudecken muss. Damit wird ein wesentlicher Reifungsweg des Menschen abgeschnitten. Das Ziel ist wieder nur, zu funktionieren, möglichst schnell den normalen Betrieb weiterzumachen und seine Umgebung nicht mit der Trauer zu verunsichern. Das Verdrängen der Trauer durch Psychopharmaka führt nicht nur dazu, dass der Einzelne wieder funktioniert. Es ist auch ein kollektives Verdrängen. Man möchte die Trauer nicht wahrnehmen. Sie darf nicht sein. Sie stört uns in unserem Arbeitsbetrieb, sie stört uns in unserer Oberflächlichkeit. Damit aber wird der Weg in die Tiefe verweigert. Alles bleibt nur an der Oberfläche. Das ist auch ein Versäumen des Lebens. Die Trauer ist der Weg, durch den Schmerz hindurch zu seinem wahren Selbst zu gelangen. Wenn die Trauer zugedeckt wird, bleibt der Weg in die eigene Tiefe verschlossen. Und dann kommt man nicht in Berührung mit seinem wahren Selbst, das auf dem Grund der Seele zu finden ist.

In Amerika nimmt schon jeder zweite Mensch Psychopharmaka. Und wir machen es den Amerikanern nach. Eine Frau erzählte mir: Zu Schuljahrsbeginn werben manche Apotheken damit, den sechsjährigen Kindern die Angst vor der Schule zu nehmen: »Wir helfen Ihnen, dass Ihr Kind ohne Probleme in die Schule geht. Wir helfen Ihnen, dass das Kind kein Kopfweh bekommt, wenn es sich dem Schulstress aussetzen muss.« Schon das kleine Kind wird zugestopft mit Psychopharmaka. Damit aber wird der Schritt in das Neue, in das Wagnis gedämpft. Vor lauter Sicherheitsdenken, dass das Kind ja keine Probleme bekommt, wird es mit Psychopharmaka zugestopft. Doch der Lernschritt, der Reifungsschritt, der durch den Schuleintritt ausgelöst wird, wird ihm damit verweigert. Es darf keine Verunsicherung geben. Doch vor lauter Sicherheit verliert man die Lebendigkeit, verliert man den Zugang zu seinem eigenen Selbst.

Das Leben ist ein Abenteuer. Wer dem Abenteuer aus dem Weg geht, der lebt ständig in der Angst, vom Leben überfordert zu werden. In der Ausgabe der Süddeutschen Zeitung vom 14. Januar 2014 steht ein Artikel mit dem Titel »Psychopillen für den Nachwuchs. Immer mehr Kinder und Jugendliche bekommen Neuroleptika verordnet.« Der Autor Werner Bartens zitiert den Bremer Gesundheitsökonomen Gerd Glaeske: »Mich beunruhigt die Zunahme der Neuroleptika-Verordnungen sehr, denn offensichtlich wird das Spektrum der Medikamente, mit denen Kinder angepasst werden sollen, jetzt auch auf diese stark wirksamen Substanzen ausgeweitet.« Das Ziel der Medikamentengabe ist offensichtlich, dass Kinder angepasst werden. Für mich ist das ein erschreckendes Wort: Kinder sollen nicht in ihre eigene Gestalt hineinwachsen, sondern angepasst werden, damit sie funktionieren.

Psychopharmaka versprechen den Menschen Sicherheit: Sicherheit bei Prüfungen, dass sie nicht vor lauter Prüfungsangst innerlich blockiert sind, Sicherheit im Auftreten vor anderen Menschen. So nimmt man vor Prüfungen Medikamente. Man beruhigt sich vor einem Vortrag damit. Und man nimmt eine Pille vor der Beerdigung, damit man nicht weinen muss, sondern diese emotionale Situation cool durchhält. Doch das Sicherheitsdenken hindert den Menschen daran, wirklich zu leben.

Das deutsche Wort »sicher« kommt vom lateinischen Wort »securus«. Und es meint eigentlich: ohne Sorge sein. »Se« = »sine« = »ohne«. Und »curus« kommt von »cura« = »die Sorge«. Nach Martin Heidegger ist der Mensch aber seinem Wesen nach einer, der in Sorge ist. Die Sorge gehört zum Wesen des Menschen. Die Frage ist, wie wir mit der Sorge umgehen.

Jesus fordert uns auf, uns nicht um unser Leben und die Nahrung und Kleidung zu sorgen. Wir sollen die Sorge loslassen, aber sie nicht verdrängen. Und wir sollen die Sorge auf das Eigentliche richten:

> *Macht euch also keine Sorgen und fragt nicht: Was sollen wir essen? Was sollen wir trinken? Was sollen wir anziehen? Denn um all das geht es den Heiden. Euer himmlischer Vater weiß, dass ihr das alles braucht. Euch aber muss es zuerst um sein Reich und um seine Gerechtigkeit gehen; dann wird euch alles andere dazugegeben.*
>
> MATTHÄUS 6,31–33

Jesu Antwort auf die Sorge des Menschen ist das Vertrauen in Gottes Fürsorge für uns und das Umlenken der Sorge auf das Reich

Gottes. Unser Streben soll sein, dass Gott in uns herrscht und wir nicht von unseren Ängsten und Bedürfnissen beherrscht werden.

Die Psychopharmaka schaffen eine andere Sicherheit: Sie sind eine Sicherung gegen die Emotionen, gegen die Gefühle, die wesentlich zum Menschen gehört. Im technischen Sinn ist eine Sicherung eine Vorrichtung, mit der etwas blockiert wird. Die Psychopharmaka sind eine Sicherung, die uns vorgeschaltet wird, um das Leben zu blockieren. Sie sollen die Gefühle, die Emotionen, die Ängste, das Unsicherheitsgefühl blockieren. Doch damit blockieren sie das Leben. Denn Gefühle sind Ausdruck von Lebendigkeit. Wer die Gefühle abschneidet, der schneidet sich vom Leben ab.

Als Cellerar hatte ich immer wieder Gespräche mit Vertretern verschiedenster Firmen. Oft kamen diese Vertreter selbstbewusst in mein Büro und fingen sofort an, ihre erlernten Strategien anzuwenden. Doch wenn ich mich von ihrem selbstsicheren Auftreten nicht beeindrucken ließ, sondern im Laufe des Gespräches auf wesentliche Themen zu sprechen kam, da beichteten sie schließlich, dass sie sich überfordert fühlen und deshalb Psychopharmaka nehmen. Ihre scheinbare Sicherheit war durch Medikamente erzeugt. Aber sie fühlten sich damit nicht wohl. Und ich spürte als Kunde, dass ich einem, der nach außen übertrieben sicher auftritt, eher nichts abkaufe. Ich möchte den Menschen spüren. Wenn ich nur die Maschine spüre, dann vertraue ich auch nicht den Produkten, die dieser Mensch anzubieten hat. So wirkt die scheinbare Selbstsicherheit, die die Medikamente bei Vertretern bewirken, geradezu kontraproduktiv. Solche Vertreter haben weniger Erfolg als andere, denen man ihre Menschlichkeit anmerkt.

Ähnlich ist es, wenn Menschen vor einem Vortrag Psychopharmaka nehmen. Dann werden sie ihren Vortrag zwar selbstsicher vortragen. Aber sie werden den Zuhörern nicht begegnen. Und ihr Vortrag wird daher auch keine bleibende Wirkung auf die Zuhörer haben. Die Redner haben ihren Vortrag ohne starke Emotion überstanden, aber sie haben auch keine Emotionen ausgelöst bei den Zuhörern. Eine Sängerin erzählte mir, dass sie vor jedem Auftritt Angst hat. Sie verzichtet darauf, Psychopharmaka zu nehmen. Sie hält die Angst aus. Die Angst macht sie auf der einen Seite sensibel, sodass sie versucht, ganz im Augenblick zu sein. Und die Angst befreit sie von der Herrschaft des Ego, das bei jedem Auftritt glänzen möchte. Die Menschen sagen ihr dann oft nach ihrem Singen: »Nicht du hast gesungen, sondern es hat durch dich hindurchgesungen.« Die Menschen waren von diesem Gesang berührt, weil sie gespürt haben, dass da durch die von der Angst aufgebrochene Sängerin etwas anderes hindurchtönt, etwas, was von Gott kommt und die Herzen der Hörer in ihrer Tiefe berührt.

Zum wirklichen Leben gehört, dass der Mensch in Berührung kommt mit seinem wahren Selbst, mit seinem innersten Kern. Die Psychopharmaka aber schneiden ihn ab von seinem Grund. Er kommt gar nicht in den Grund. Er lebt nur an der Oberfläche. Der Weg in den Grund führt über die eigene Wahrheit, also über meine Emotionen, meine Bedürfnisse, meine Ängste, meinen Ärger, meine Schuldgefühle, meine Trauer, meine Empfindlichkeit. Wenn ich all diese Gefühle überspringe, dann gelange ich nie in meinen Grund. Dann werde ich nie ich selbst. Und ich verarme innerlich. Der Weg der Menschwerdung führt durch die eigene Wahrheit in den Grund der Seele. Wer nie in den Grund seiner Seele gelangt, der hat keinen Grund, auf dem er feststehen kann. Er baut sein Haus nicht auf Felsen, sondern auf Sand, auf den Sand von Illusionen, auf den Sand der Anerkennung durch die anderen oder auf den Sand von Hilfsmitteln, die dem Sand nur scheinbare Festigkeit verleihen.

Ein Phänomen, das heute weit verbreitet ist, sind ADHS-Kinder. Sie bringen ihre Eltern manchmal zur Weißglut mit ihrer ständigen Unruhe. Man behandelt diese Krankheit heute zumeist mit Ritalin. Das kann in schwierigen Situationen durchaus eine angemessene Behandlung sein und den Kindern helfen, ruhiger zu werden.

Aber die Gefahr ist, dass Kinder damit ruhig gestellt werden. Das dahinter liegende Problem wird nicht angeschaut.

Eine Lehrerin, die durch ihren zehnjährigen Sohn mit seiner ADHS-Problematik oft zur Weißglut gebracht wurde, erzählte mir: Ihr Sohn ist jetzt Ministrant geworden. Sie hatte schon Angst, dass er da durch seine Unruhe negativ auffällt. Doch sie staunte nicht wenig, als sie sah, wie ihr Sohn da im Ministrantengewand ganz andächtig am Altar stand, ganz ruhig, ganz in seinen Gebärden versunken. Als wir darüber sprachen, erkannten wir beide: Offensichtlich tut es dem Kind gut, in etwas Größerem aufzugehen, an etwas Größeres gebunden zu sein. Und vielleicht ist die Unruhe ein Zeichen dafür, dass er sich ungebunden, unverbindlich und daher formlos und haltlos fühlt.

Manche Psychologen sagen, dass ADHS oft seinen Grund darin hat, dass die Kinder die wesentlichen Schritte in ihr Leben ohne feste Bindung, ohne innere Beziehung zu den Eltern machen müssen. Daher ist es hilfreich, wenn die Kinder eine innere Bindung erfahren. Die Ministranten erfahren die Bindung an etwas, das größer ist als sie selbst. Wenn sie in etwas Größerem aufgehen, können sie zu sich selbst finden, und dann entdecken sie ihr wahres Selbst. Diese Bindung an etwas Größeres, das die Haltlosigkeit der ADHS-Kinder beruhigt, kann auch beim Theaterspielen oder beim Fußballspielen erfahren werden. Beim Theaterspielen fühlt sich das Kind in eine Rolle hinein, die ihm Halt gibt. Das Kind vergisst sich selbst und geht in der Rolle auf. So erfährt es sich auf neue Weise. Und beim Fußballspiel geht es um die Mannschaft, in die das Kind eingebunden wird. Wenn die Unruhe nur durch Ritalin unterdrückt wird, funktioniert das Kind zwar ruhiger als vorher. Aber es findet nicht zu sich selbst. Es bleibt abgeschnitten von seinem Selbst.

Es geht mir bei alldem nicht um die Frage, ob ich in manchen Situationen ein Psychopharmakon nehme oder nicht. Denn ohne Zweifel haben Psychopharmaka in bestimmten Situationen durchaus ihren Sinn, und wir dürfen dankbar sein, dass manche Menschen dadurch wieder einigermaßen normal leben können. Doch mir geht es um die Frage, welches Menschenbild hinter der Sucht steckt, jede Lebendigkeit und Verunsicherung abzuschneiden und mit Medikamenten zuzudecken. Es ist letztlich das Bild des funktionierenden Menschen. Und für wen muss der Mensch funktionieren? Wohl für die Wirtschaft und für eine Gesellschaft, die die Augen verschließt vor dem Geheimnis des Menschen, vor dem Nicht-Machbaren.

Der Mensch wird also verzweckt. Er ist nur gut, wenn er funktioniert. Sein Denken und Fühlen sind nicht gefragt, sondern nur sein Funktionieren. Das ist eine Reduzierung des Menschseins und eine Verarmung unserer Kultur. Gegen diese Kulturlosigkeit müssen wir protestieren. Jesus zeigt uns am Kreuz das Bild des verwundbaren Menschen. Das ist ein Gegenentwurf zum heute so verbreiteten Bild des coolen Menschen. Cool bedeutet ja: kühl. Das Idealbild ist also der kühle Mensch, der seine Gefühle im Eisschrank einfriert. Doch mit so einem kühlen Menschen lässt sich nicht gut leben. Da kann keine Begegnung stattfinden. Da sitzt man vor einem Eisschrank. Er stört einen nicht. Aber es ist auch kein Austausch möglich. Den Eisschrank öffne ich nur, um mir etwas zum Essen oder Trinken herauszuholen. So ein Bild des Menschen wird durch den »coolen Menschen« favorisiert: Der Mensch, aus dem man das herausholt, was man gerade braucht, der aber in sich keine Würde hat. Er dient nur als Eisschrank, aus dem wir uns bedienen können.

Die Antwort Jesu

Auf der Suche nach einer Antwort Jesu auf die Sucht, durch Psychopharmaka das Funktionieren des Menschen zu garantieren und ihn dadurch von seinem Inneren abzuschneiden, fiel mein Blick auf die beiden kurzen Gleichnisse vom Schatz im Acker und von der kostbaren Perle. Ein Mann entdeckt in einem Acker einen Schatz.

> *In seiner Freude ging er hin und verkaufte alles, was er besaß, und kaufte den Acker.*
> MATTHÄUS 13,45

Der Mann ist begeistert von seiner Entdeckung des Schatzes. So geht er voller Freude hin und setzt alles auf eine Karte. Die Freude schickt den Mann auf den Weg, sich auf den Weg zu machen, um all seinen Besitz zu verkaufen und den Acker zu erwerben, in dem der Schatz vergraben liegt.

Dieser Mann kann sich noch begeistern. Ich erlebe manche Menschen, die sich für nichts begeistern können. Daher machen sie sich auch nicht auf den Weg. Sie sehen immer nur die Bedenken, die gegen diesen oder jenen Weg sprechen. Sie sind innerlich müde, winken immer ab, wenn sich andere für eine Sache begeistern können. Diese Müdigkeit hat Edmund Husserl, der deutsche Philosoph, im Blick, wenn er meint:

> *Die größte Gefahr Europas ist die Müdigkeit.*

Es ist die Müdigkeit, die sich für nichts mehr begeistern kann, die ständig abwinkt, wenn andere voller Freude meinen, einen Weg gefunden zu haben. Die Müden sind die ewigen Skeptiker, die ihr Nichtstun mit ihrer Skepsis rechtfertigen. Sie meinen, alle, die sich begeistern, seien eben Phantasten, oder sie seien kindlich. Kinder können sich noch begeistern. Doch als Erwachsener sei man über dieses Stadium hinaus. Mit diesen Argumenten rechtfertigen sie ihre Weigerung, sich auf das Leben einzulassen. Aber dann wird es eben auch freudlos. Die Freude ist eine starke Emotion. Emotion kommt ja von »movere« = »bewegen«. Die Freude will uns in Bewegung bringen, uns auf den Weg zu machen und das Eigentliche in unserem Leben zu suchen, den Schatz, der im Acker unserer Seele vergraben liegt.

Der Schatz liegt im Acker verborgen. Das bedeutet für mich: Ich muss mir meine Hände schmutzig machen, um den Schatz im Acker auszugraben. Ich muss durch das Erdreich hindurchgehen, um in der Tiefe der Erde den Schatz zu entdecken. Die Psychopharmaka wollen mich gleichsam oberhalb der Erde festhalten. Ich soll ja nicht in die Tiefe bohren. Da könnte ich ja schmutzige Hände bekommen. Doch wenn ich mich nicht durch die Trauer, durch den Schmerz, durch das Chaos meiner Emotionen hindurchkämpfe, durch meine Eifersucht, meinen Neid, meine Schuldgefühle hindurchgehe, dann werde ich den Schatz nie entdecken, dann werde ich nie in Berührung kommen mit meinem wahren Selbst. Dann werde ich immer abgeschnitten sein vom Reichtum meiner Seele.

Ähnlich ist das Gleichnis von der kostbaren Perle zu verstehen. Auch da setzt der Kaufmann alles auf eine Karte. Er verkauft alles, um die eine kostbare Perle zu kaufen. (Vgl. Matthäus 13,46)

Die Perle wächst in der Wunde der Auster. Gerade wenn ich meine Wunden anschaue und mich von ihnen aufbrechen lasse, finde ich den Weg in den Grund meiner Seele. Doch wenn meine Wunden durch Psychopharmaka zugedeckt werden, dann gelange ich nie in den inneren Raum der Stille, in dem diese kostbare Perle bereitliegt. Unter der Decke der Psychopharmaka schwärt die Wunde weiter. Sie schmerzt nicht mehr. Aber ich lasse auch die Chance aus, durch die Wunde die Perle in mir zu entdecken. Hildegard von Bingen meint, die eigentliche Kunst der Menschwerdung bestehe darin, die Wunden in Perlen zu verwandeln, in den Wunden die Perlen zu entdecken und sich durch die Wunden aufbrechen zu lassen für meine wahren Fähigkeiten: für das kostbare Selbst, das auf dem Grund meiner Seele in mir ist als der wahre Reichtum, der mich innerlich erfüllt.

Die Liebe nicht versäumen

Ich erlebe immer wieder junge Menschen, die sich voller Begeisterung auf ihren Beruf einlassen und dort sehr schnell Karriere machen. Doch dann sind sie Ende dreißig und merken, dass sie es versäumt haben, nach einer verlässlichen Partnerschaft zu suchen und eine Familie zu gründen. Irgendwann stehen sie dann vor dem Dilemma, ob sie auf der Karriereleiter so weiterklettern möchten oder ob sie ihrem Leben eine neue Richtung geben sollen. Manchmal geraten sie dann in eine tiefe Krise. Sie haben das Gefühl, sie haben vor lauter Orientierung am beruflichen Erfolg die Liebe versäumt. Und die Liebe lässt sich nicht auf Knopfdruck herstellen.

Andere haben eine Familie gegründet und freuen sich an der Liebe zu ihrem Ehepartner und an der Liebe zu ihren Kindern. Doch dann gerät auf einmal die Arbeit so in den Vordergrund, dass die Liebe vernachlässigt wird. Man baut gemeinsam ein Haus. Der Mann denkt, das gemeinsame Bauen des Hauses sei doch ein Ausdruck der Liebe zueinander. Doch vor lauter Bauen hat man keine Zeit mehr für Zärtlichkeit und Liebe. Und man merkt gar nicht, wie die Liebe allmählich verdunstet, wie man nur noch nebeneinanderher lebt und den liebevollen Austausch verloren hat. Wenn dann die Frau sagt, sie könne so nicht weiterleben, sie spüre die Liebe ihres Mannes nicht mehr, dann fällt der Mann aus allen Wolken. Und auf einmal wird ihm schmerzlich bewusst, dass er die Liebe versäumt hat. Wenn er durch die Reaktion seiner Frau aufwacht, kann er die Liebe noch retten. Doch manchmal ist es auch schon zu spät. Man hat sich zu lange auseinandergelebt, sodass die Liebe nicht wieder von Neuem geweckt werden kann.

Ein Mann hat sich für seine Familie eingesetzt, damit sie es gut hat. Er hat für ein schönes Haus gesorgt und dafür hart gearbeitet. Aber er hat zu wenig Zeit für die Kinder gehabt. Jetzt wenden sich die Kinder von ihm ab. Sie schätzen ihn nicht mehr, weil sie ihn als Vater nicht erlebt haben. Der Vater meinte, er möchte zuerst das Leben der Familie sichern. Wenn das geschehen wäre, dann könnte er sich der Familie von Neuem widmen. Doch häufig ist es dann zu spät. Die Kinder haben die Beziehung zum Vater verloren und auch die Achtung. Und so erkennt der Vater schmerzlich, dass er die Liebe zu seinen Kindern versäumt hat. Manche Väter verstecken sich dann hinter ihrem großen Einsatz für die Familie und meinen, das würde genügen. Doch die Selbstrechtfertigung vermag die Liebe nicht zu erneuern. Es wäre wichtig, sich einzugestehen, dass man die Liebe versäumt hat. Dann könnte man jetzt anfangen, die Akzente anders zu setzen und sich wirklich liebevoll den Kindern zuzuwenden.

Väter und Mütter sind manchmal so sehr mit ihren eigenen Bedürfnissen, mit dem Programm der eigenen Selbstverwirklichung, der eigenen Fortbildung und Ausbildung beschäftigt, dass sie die Bedürfnisse der Kinder übersehen. Auch dann werden sie oft blind für die Liebe, nach der sich ihre Kinder so sehr sehnen. Aber es geht nicht nur um die Liebe zum Ehepartner und zu den Kindern. Oft versäumen die Menschen auch die Liebe zu ihren Freunden. Man hat keine Zeit mehr für die Freunde und den Freundeskreis. Und irgendwann fühlt man sich dann ausgeschlossen und isoliert.

Liebe ist Hingabe. Und diese Hingabe ist auch bei der Arbeit gefragt. Ich werde meine Arbeit nur lieben, wenn ich mich ihr hingebe, mich ganz auf sie einlasse und dabei mein eigenes Ego vergesse. Auch hier kann man vor lauter Aktivitäten und äußerem Tun die Liebe versäumen. Doch nur wenn wir das, was wir tun, aus Liebe tun, werden wir das »Flow-Gefühl« bekommen, das uns innerlich mit Frieden erfüllt. Liebe als Hingabe gilt nicht nur für die Arbeit, sondern auch für andere Bereiche. Ich sollte mich fragen: Was liebe ich? Liebe ich die Musik, die Natur, die Schönheit der Kunst? Nur wenn ich etwas habe, was ich liebe, wird mein Leben wertvoll. Alles äußere Engagement nützt nicht, wenn ich dabei die

Liebe versäume, die Liebe zu Menschen, die Liebe zu den Tieren, die Liebe zur Natur, die Liebe zur Musik und zur Kunst. Nur das, was ich liebe, nährt mich wirklich.

Manche versäumen die Liebe auch vor lauter spiritueller Suche. Sie sind so fixiert auf ihren spirituellen Fortschritt, auf Methoden der Meditation oder der Achtsamkeit, dass sie darüber die Liebe vergessen. Alle spirituellen Methoden sind – wie es der hl. Paulus ausdrückt – dröhnendes Erz und lärmende Pauke, wenn sie nicht von der Liebe erfüllt sind oder zur Liebe führen. Auch da gibt es spirituelle Menschen, die auf ihrem spirituellen Weg die Liebe versäumen. Es kommt darauf an, dass mich die Meditation für die Liebe zu Gott öffnet und dass sie mich befähigt, den Nächsten zu lieben. Nur wenn die Liebe zu den Menschen in meiner Umgebung strömt, ist mein Leben wertvoll. Wenn ich die Liebe versäume, werde ich irgendwann aus lauter Enttäuschung über all die spirituellen Anstrengungen in Traurigkeit und Resignation verfallen. Allein die Liebe hält mich lebendig und lässt mich aufblühen.

Die Antwort Jesu

Beim Thema »Die Liebe versäumen« fällt mir die Geschichte von der griechischen Frau ein, die zu Jesus kommt, dass er ihre Tochter heilt. Denn – so sagt sie – die Tochter ist

> von einem unreinen Geist besessen.
>
> MARKUS 7,25

Unreine Geister trüben das Selbstbild. Vielleicht hat die Frau ihre eigenen Bilder und Erwartungen auf die Tochter projiziert und damit ihr Selbstbild getrübt. Die Tochter wusste gar nicht mehr, wer sie ist. Jetzt erkennt die Mutter, dass es mit ihrer Tochter nicht so weitergehen kann. So bittet sie Jesus, er solle alles wieder ins Lot bringen.

Doch Jesus lässt sich nicht so leicht dazu bewegen, das, was die Mutter versäumt hat, mit seiner Heilkraft auszugleichen. Er hält der Mutter vielmehr einen Spiegel vor Augen:

> Es ist nicht recht, das Brot den Kindern wegzunehmen und den Hunden vorzuwerfen.
>
> MARKUS 7,27

In diesem Augenblick erkennt die Frau, dass ihre Tochter nicht satt geworden ist. Die Mutter hat zu viel vom Brot der Zuwendung für sich selbst, für ihre eigenen Bedürfnisse und Vorlieben gebraucht, für ihre Karriere, für das, was sie für die eigene Selbstverwirklichung als notwendig erachtet hat. Doch die Tochter ist dabei innerlich verhungert. Die Größe der Frau besteht darin, dass sie das einsieht, was ihr Jesus vorwirft. Sie gibt zu, dass sie ihre Tochter vernachlässigt hat. Aber sie verfällt jetzt nicht in die gegenteilige Strategie, die Tochter zu verwöhnen, um so das eigene schlechte Gewissen zu beruhigen. Sie sagt vielmehr:

> *Ja, du hast recht, Herr. Aber auch für die Hunde unter dem Tisch fällt etwas von dem Brot ab, das die Kinder essen.*
> MARKUS 7,28

Das könnte man so übersetzen: »Ja, Herr, du hast recht. Meine Tochter ist nicht satt geworden. Aber ich habe eben auch Bedürfnisse. Ich werde versuchen, meine Bedürfnisse und die Bedürfnisse der Tochter besser in Einklang zu bringen.« Jesus lobt die Frau, weil sie ihre Situation richtig einschätzt und bereit ist, sich für die Liebe zu entscheiden und nicht für ihre Hunde, für ihr eigenes Streben nach Selbstverwirklichung und für ihre eigenen Bedürfnisse.

Die christliche Tugend der Hoffnung

Die Haltung, die dem Versäumen des Lebens zugrunde liegt, ist die Verzagtheit. Das deutsche Wort »zag« meint den feigen und furchtsamen Menschen. Der verzagte Mensch hat allen Mut verloren. Er zieht sich auf sich selbst zurück. Er geht nicht offen in die Welt hinein. Die christliche Antwort auf dieses Verzagtsein ist die Hoffnung. Die Hoffnung ist die Tugend, die uns den Mut schenkt, die Zukunft zu wagen, das Leben in die Hand zu nehmen. Tugend ist eine Kraft, die uns zu etwas befähigt. Die Tugend befähigt uns, dass das Leben taugt, dass es gelingt. Die Tugend der Hoffnung befähigt uns, unser Leben zu wagen. Sie ist die Antwort auf die Tendenz, sein Leben zu versäumen. So möchte ich die Tugend der Hoffnung meditieren und dann einige Schritte beschreiben, wie wir Hoffnung lernen können.

Jürgen Moltmann, der 1964 seine »Theologie der Hoffnung« geschrieben hat, meint, die Hoffnungslosigkeit sei die Sünde des Unglaubens. Und er zitiert das Buch der Offenbarung, das an die erste Stelle der Sünder die »Verzagten« setzt (Offenbarung 21,8). Er bezieht sich auf den Hebräerbrief, der den Abfall von der lebendigen Hoffnung als Ungehorsam gegenüber der Verheißung Gottes versteht.

Der Hebräerbrief erkennt in der damaligen Christenheit Ermüdungserscheinungen. Es ist die

> *Ermüdung, das nicht sein zu wollen, was Gott einem zumutet.*
>
> MOLTMANN, S. 18

Daher mahnt der Hebräerbrief die müde gewordenen Christen:

> Lasst uns mit Ausdauer in dem Wettkampf laufen, der uns aufgetragen ist, und dabei auf Jesus blicken, den Urheber und Vollender des Glaubens.
>
> HEBRÄERBRIEF 12,1f

Christsein heißt: Hoffnung zu haben, voller Hoffnung seinen Weg zu gehen und sich auf den Kampf des Lebens einzulassen. Der Hebräerbrief versteht das Leben als Wettkampf. Von diesem Bild geht Kraft aus. Es lockt mich heraus, mich auf diesen Wettkampf einzulassen. Dabei schenkt mir der Blick auf Jesus, den Urheber und Vollender des Glaubens, die Zuversicht und die Hoffnung, diesen Wettkampf zu bestehen.

Das deutsche Sprichwort sagt:

> Die Hoffnung stirbt zuletzt.

Das bedeutet aber auch: Wo keine Hoffnung ist, da ist Tod, da ist Erstarrung. Und der italienische Dichter Dante schreibt über das Tor zur Hölle:

> Lasst alle Hoffnung fahren, die ihr hier eintretet.

Die Hoffnungslosigkeit ist letztlich Hölle. Während die christliche Spiritualität immer die Hoffnung zusammen mit dem Glauben und der Liebe als eine zentrale göttliche Tugend verstanden hat, hat der Existenzialismus in der Mitte des 20. Jahrhunderts die Hoffnung als Flucht vor der Realität verstanden. Albert Camus fordert, dass wir auf dem Boden der Wirklichkeit bleiben sollen:

> klar zu denken und nicht mehr zu hoffen.
>
> MOLTMANN, S. 19

Moltmann zitiert einen Roman Fontanes, in dem es heißt:

> Leben heißt Hoffnung begraben.

Theodor Fontane spricht von »gestorbenen Hoffnungen«, die das Leben ausmachen. Ein deutsches Sprichwort rechtfertigt die Skepsis gegenüber der Hoffnung:

> Hoffen und Harren macht manchen zum Narren.

Die Hoffnungslosen und Verzagten halten sich also für die größeren Realisten. Doch in Wirklichkeit sind sie keine Realisten. Sie haben alle Hoffnung aufgegeben. Sie haben nichts gefunden, was zur Hoffnung Veranlassung geben könnte. Die Folge ist nach Moltmann:

> Was bleibt, ist ein *taedium vitae* [Ekel am Leben], ein Leben, das sich selbst nur noch ein wenig mitmacht ... Wo aber die Hoffnung nicht zur Quelle neuer, unbekannter Möglichkeiten findet, da endet das belanglose, ironische Spiel mit den Möglichkeiten, die man hat, in Langeweile oder in Ausbrüchen ins Absurde.
>
> MOLTMANN, S. 19

Gegen diese müde und hoffnungslose Haltung setzt Moltmann den Spruch des Heraklit:

> Wer aber das Unverhoffte nicht erhofft, der wird es nicht finden.
>
> MOLTMANN, S. 20

Menschen, die ohne Hoffnung leben, versäumen das Leben. Sie finden weder einen Sinn in ihrem Leben noch etwas, wofür es sich lohnt, sich einzusetzen. Überall ist eher Skepsis, müdes Abwinken: Es hat ja doch alles keinen Sinn. Es bringt ja doch nichts. Die Hoffnung hält uns lebendig. Und nach Paulus hoffen wir auf das, was wir nicht sehen.

Wir sehen nicht das, worauf wir unser Leben setzen. Aber wir erhoffen es. Das ist kein Nachjagen einer Utopie. Vielmehr verleiht uns die Hoffnung festen Stand im Leben. So sieht es der Hebräerbrief, wenn er den Glauben definiert als:

> Feststehen in dem, was man erhofft.

HEBRÄERBRIEF 11,1

Das, was ich erhoffe, gibt mir jetzt in diesem Augenblick einen festen Stand. Und weil ich einen festen Stand habe, gehe ich getrost weiter in die Zukunft hinein.

Die christliche Hoffnung hat ihren Grund im Kreuz Jesu Christi und in seiner Auferstehung. Das Kreuz steht für das Scheitern und für alles, was uns im Leben durchkreuzt. Manche Menschen versäumen das Leben aus Angst vor dem, was ihnen von außen widerfahren kann. Sie haben den Eindruck, dass sie ihr Leben nicht planen können. Weil es ständig von äußeren Faktoren abhängt, daher geben sie jedes Planen für die Zukunft auf. Sie leben nur in den Tag hinein. Doch das Kreuz mündet in der Auferstehung. Es ist für uns Christen das Zeichen der Hoffnung, dass es nichts gibt, was nicht verwandelt werden kann, dass es keine Dunkelheit gibt, die nicht erleuchtet wird, kein Scheitern, das nicht zu einem Neuanfang werden kann, keinen Tod, der nicht in Leben verwandelt wird.

Viele Menschen bleiben vor dem Kreuz stehen. Weil es so viele Kreuze im Leben gibt, lohnt es sich nicht zu leben. Doch das

Kreuz ist für uns Christen gerade die Herausforderung, das Leben zu wagen. Auch wenn bei diesem Wagnis das Kreuz meine Pläne durchkreuzt, wird sich das Wagnis lohnen. Das Kreuz wird durch die Auferstehung überwunden. Etwas wagen meint ursprünglich: etwas auf die Waage legen, ohne zu wissen, wie sie ausschlägt, etwas riskieren, dessen Ausgang ungewiss ist. Das Kreuz, das uns erwartet, zeigt uns, dass wir nicht wissen, was aus unserem Risiko wird. Das Leben ist immer ein Risiko. Aber das christliche Symbol der Auferstehung zeigt uns, dass es sich lohnt, das Risiko des Lebens einzugehen.

Für Thomas von Aquin ist die Hoffnung die eigentliche Tugend der Jugend:

> *Jungsein ist die Ursache der Hoffnung. Die Jugend nämlich hat viel Zukunft und wenig Vergangenheit.*

Die Hoffnung verjüngt den Menschen. Josef Pieper übersetzt Jesaja 40,31 auf dem Hintergrund seines Hoffnungsverständnisses so:

> *Die auf den Herrn hoffen, werden eine neue Tapferkeit gewinnen. Es werden ihnen Schwingen wachsen gleich den Adlern. Sie werden laufen: unangestrengt. Sie werden wandern: unermüdbar.*
>
> PIEPER, S. 47

Doch was die Jugend eigentlich auszeichnen sollte, voller Hoffnung das Leben zu wagen, das finden wir heute nicht bei allen jungen Menschen. Im Gegenteil: Immer mehr macht sich eher eine verzagte Haltung breit, die den Menschen die Spannkraft raubt. So wäre die Botschaft an alle Menschen, die ihr Leben versäumen, mit der Hoffnung in sich in Berührung zu kommen. Jedem von uns ist die Hoffnung als Möglichkeit in die Seele gelegt. Doch oft genug sind wir von der Hoffnung abgeschnitten. Daher lohnt es sich, über die Hoffnung nachzudenken.

Das deutsche Wort »hoffen« ist mit der Wortgruppe um das Wort »hüpfen« verwandt. Hoffen hat daher für die Germanen ursprünglich bedeutet: »vor Erwartung zappeln, aufgeregt umherhüpfen«. Im deutschen Wort »hoffen« steckt also die Erfahrung eines freudigen Wartens auf ein Ereignis oder auf das Kommen eines Menschen, den man herbeisehnt. Hoffen ist von Freude geprägt. Und hoffen hat mit warten zu tun. Es ist ein aktives Tun des Menschen. Er streckt sich aus nach dem, was kommt. Wer hoffnungsvoll lebt, dessen psychische Verfassung ist von Freude und Lebendigkeit geprägt. Hoffnung richtet auf, während Hoffnungslosigkeit niederdrückt. Wer keine Hoffnung mehr hat, verliert die innere Spannkraft. Er verliert sein Jungsein.

Der französische Existenzphilosoph Gabriel Marcel hat auf dem Hintergrund seines christlichen Glaubens eine Philosophie der Hoffnung entworfen. Er unterscheidet zwischen Hoffnung und Erwartung. Die Erwartung hat eine ganz bestimmte Vorstellung von dem, was eintreten soll. Die Erwartung kann enttäuscht werden. Doch die Hoffnung kann nicht enttäuscht werden. Denn sie bindet sich nicht an konkrete Vorstellungen. Und man kann nie sagen: Es gibt keine Gründe zur Hoffnung. Denn die Hoffnung übersteigt auch alle logischen Gründe oder Gegengründe für die Hoffnung. Sie zielt letztlich immer darauf, dass wir Menschen, die wir uns gefangen fühlen, auf Licht und Freiheit hoffen, dass wir in unserem Innern hell werden und frei. Die wahre Hoffnung gilt nicht einem bestimmten Ereignis, das kommen soll, sondern dem Neuwerden der eigenen Existenz und des Lebens insgesamt. Hoffen heißt nicht, mir bestimmte Vorstellungen vom Leben zu machen. Wer sich das Leben zu konkret ausmalt, der lebt ständig in der Angst, dass das doch nicht gelingt.

Die Hoffnung übersteigt alle konkreten Vorstellungen. Hoffnung die ist Haltung eines Menschen,

> *der keine Bedingung stellt, keine Grenze setzt, sich einem absoluten Vertrauen überlässt und eben dadurch jede mögliche Enttäuschung überwindet und eine Sicherheit des Seins oder im Sein erfährt, die der grundlegenden Unsicherheit des Habens entgegensteht.*
>
> MARCEL, S. 55

Hoffen gehört zur Ebene des Seins und nicht des Habens. Marcel meint, die Haltung des »Habens« verhindere die Hoffnung. Nur der, der sich von den Ketten des Besitzes in jeder Form befreit hat, ist imstande,

> *die göttliche Leichtigkeit eines Lebens in der Hoffnung zu erfahren.*
>
> MARCEL, S. 78

Wer alles haben will, wer sein Leben in der Hand halten will, der verliert es. Wer sich auf das Sein einlässt, der hat auch Teil an der Hoffnung, und der gewinnt sein Leben. Für Gabriel Marcel gehören Hoffnung und Gemeinschaft zusammen. Ich hoffe nie nur für *mich*, sondern immer letztlich für *uns*.

Wenn ich die Gedanken von Gabriel Marcel bedenke und von da aus auf den heutigen Menschen schaue, dann erkenne ich einige Gründe, warum viele sich heute mit der Hoffnung schwertun. Zunächst möchte der Mensch heute Sicherheit. Er misstraut der Hoffnung. Er findet genügend Gründe, dass die Zukunft, die auf ihn wartet, nicht so rosig wird. Gabriel Marcel meint, viele würden mit Vernunftgründen die Hoffnung lächerlich machen, weil sie sich um das Wagnis drücken wollen. Leben heißt jedoch immer: es zu wagen, sich auf das Unvorhersehbare einzulassen, in der Hoffnung, dass das Leben gelingt, auch wenn ich keine konkreten Vorstellungen vom Gelingen habe. Ein anderer Grund, warum Menschen sich heute mit der Hoffnung schwertun, ist der Individualismus. Für Marcel ist es klar,

> dass zur Hoffnung stets eine Gemeinschaft gehört, wie innerlich diese auch sein mag. Das ist sogar so wahr, dass man sich fragen kann, ob Verzweiflung und Einsamkeit nicht im Grunde identisch sind.
>
> MARCEL, S. 73

Der eigentliche Philosoph der Hoffnung ist in unserer Zeit Ernst Bloch geworden. In seinem großen Werk »Prinzip Hoffnung« sieht er die Hoffnung als die treibende Kraft in der Welt. Sie ist für ihn nicht nur eine Haltung des Menschen, sondern eine Qualität des Seins. Das Sein ist für ihn ein »Noch-nicht-Sein«. Und er sieht in allen Gestaltungen der Kunst und auch in den Bildern der Religion einen »Vorschein« der erhofften kommenden Wirklichkeit.

Die Wirklichkeit versteht Bloch jedoch als Atheist als rein irdische Wirklichkeit. Auch der Mensch ist für Bloch nicht von seinem Wissen und Tun her zu verstehen, sondern von seiner Hoffnung her.

> Wir sind [als Menschen] vorsehende Wesen, wir sind von Natur aus utopische Wesen, zum Unterschied von den Tieren. Die Antizipation ist unsere Kraft und unser Schicksal.

Für Bloch ist nur das wertvoll, was von Hoffnung durchdrungen ist und Hoffnung vermittelt. Nur der ist ein guter Architekt, dessen Bauten gebaute Hoffnung sind, Hoffnung auf Heimat, auf Schönheit, auf Geborgenheit, auf Gemeinschaft. Und nur der Mensch, der in seinem Sprechen und in seinem Handeln Hoffnung vermittelt, verwirklicht für Bloch das wahre Menschsein.

Die Philosophie und Theologie der Hoffnung, wie wir sie bei Gabriel Marcel, Ernst Bloch und Jürgen Moltmann finden, spiegelt den Optimismus der sechziger Jahre im letzten Jahrhundert wider. Heute ist von diesem Optimismus wenig zu spüren. Aber Hoffnung ist auch nicht Optimismus, sondern eine innere Haltung.

Die christlichen Theologen nennen die Hoffnung eine göttliche Tugend. Das heißt: es ist eine Tugend, die mir von Gott geschenkt wird, aber zugleich eine Haltung, die ich auch einüben kann und soll.

Wie wir auf dem Hintergrund der Gedanken Marcels, Blochs und Moltmanns heute Hoffnung lernen können, das möchte ich in einigen Schritten darlegen. Diese Schritte zur Hoffnung sind zugleich eine Antwort auf die Tendenz, das eigene Leben zu versäumen. Die Hoffnung ist die Kraft, das eigene Leben zu wagen und es voller Vertrauen und Zuversicht und Kraft auch zu leben. Die folgenden sieben Schritte sind mir dabei eingefallen:

Erster Schritt

Das Leben wagen

Das Leben ist ein Wagnis. Wir wissen nie, wie es ausgeht. Wagen kommt ja von der Waage. Ich lege mein Gewicht auf die Waage und weiß nicht, wie sie ausschlägt, ob mein Gewicht zu leicht oder zu schwer ist oder ob es genau dem entspricht, was auf der anderen Seite der Waage liegt. Wer sein Leben wagt, geht immer auch ein Risiko ein. Er weiß nicht, wie es ausgeht. Im Wort Risiko liegt beides: Wagnis und Gefahr. Das Leben ist immer voller Risiken. Aber wer sich gegen jedes Risiko versichern will, der gibt sein ganzes Geld für das Absichern aus. Er hat kein Geld mehr für das Leben. Er hat keine Energie mehr, um sein Leben zu wagen.

Heute fehlt vielen Menschen der Wagemut. Sie wollen sich lieber absichern und versichern, dass ja alles gut geht. Doch das Leben lässt sich nicht versichern. Es muss gewagt werden. Es gibt immer viele Gründe der Vernunft, um sich vor dem Wagnis zu drücken. Die Psychologie spricht hier von Rationalisieren. Ich spüre, dass ich es wagen sollte, diesen Menschen anzurufen oder ihn zu besuchen. Doch dann kommen mir tausend Gründe, warum es nicht geht. Vielleicht ist die Zeit für den anderen ungünstig. Vielleicht hält er gerade seinen Mittagsschlaf oder er ist bei einer Sitzung oder bei einer Familienfeier. Ich würde ihn jetzt nur stören. Oder ich weiß nicht, wie ich anfangen soll. Wenn ich den bisher nur von Büchern her bekannten Autor anrufe, falle ich ihm vielleicht zur Last. Vielleicht möchte er keine neuen Anrufer. Wir haben eine ganze Palette von Antworten in uns bereit, die uns alle daran hindern, dem inneren Impuls zu folgen.

Der innere Impuls geht oft auf ein Wagnis hin. Wir haben in uns immer beides: die Lust zum Wagnis – und die Angst davor. Die Rationalisierungen verstärken die Angst und hindern uns dann daran, Lust am Wagnis zu finden und es wirklich in die Tat umzusetzen. Daher wäre der erste Lernschritt: Folge deinen inneren Impulsen. Wisch sie nicht wieder schnell weg mit tausend Vernunftgründen. Hör auf dein Herz. Was sagt es dir? Welche Kraft steckt in dem Impuls? Stell dir vor, du würdest dem Impuls folgen! Wie fühlst du dich? Versuche, die Angst zuzulassen, die dabei hochkommen könnte. Aber distanziere dich jetzt für den Augenblick von der Angst und stell dir ganz konkret vor: Ich rufe diesen Mann an. Ich melde mich freundlich. Ich frage, ob ich ihn zwei Minuten lang sprechen könnte. Ich habe folgendes Anliegen. Und dann folge einfach deinem Impuls. Du wirst sehen, es tut dir gut.

Was von diesem banalen Beispiel des Anrufes gilt, das übertrage auch auf dein Leben. Was möchtest du gerne? Welche Schritte willst du gehen, um dein Ziel zu erreichen? Was möchtest du beruflich, was privat? Wo spürst du in dir Leidenschaft und Begeisterung? Und was sind die Gründe, mit denen du dich ständig davor drückst, deinem inneren Impuls zu folgen. Trau deinen Gefühlen und überlege dir, wie du sie in konkrete Schritte hinein umsetzen kannst. Schau die Gegengründe an, aber distanziere dich von ihnen. Sie führen dich nicht zum Leben, sondern hindern dich nur daran.

Zweiter Schritt

Sich auf den Wettkampf des Lebens einlassen

Der Hebräerbrief spricht vom Wettkampf des Lebens. (Hebräerbrief 12,1) Und auch Paulus spricht vom Wettkampf, auf den wir uns einlassen sollen:

> Wisst ihr nicht, dass die Läufer im Stadion zwar alle laufen, aber nur einer den Siegespreis gewinnt? Lauft so, dass ihr ihn gewinnt. Jeder Wettkämpfer lebt aber völlig enthaltsam; jene tun dies, um einen vergänglichen, wir aber, um einen unvergänglichen Siegeskranz zu gewinnen. Darum laufe ich nicht wie einer, der ziellos läuft, und kämpfe mit der Faust nicht wie einer, der in die Luft schlägt.
> 1. KORINTHERBRIEF 9,24–26

Der Wettkämpfer muss sich auf seinen Kampf vorbereiten. Und er braucht ein Ziel. Er muss wissen, was er will. Es genügt nicht, einfach so dahin zu laufen. Bei manchen hat man heute den Eindruck, dass sie irgendwie herumlaufen. Aber es ist ziellos. Es führt nicht weiter. Wir brauchen ein Ziel. Und wir können nicht nur zum Schein kämpfen. Wenn wir in die Luft boxen, werden wir den Gegner nie treffen.

Zwei Bilder sind hier wichtig: Das Leben ist ein Laufen. Und ich brauche ein Ziel, um dann konzentriert und auch mit Anstrengung dieses Ziel zu verfolgen. Und das Leben ist ein Kampf. Und bei einem Kampf werde ich auch verletzt. Wenn ich mich – um im Bild des Paulus zu bleiben – auf einen Boxkampf einlasse, dann muss ich damit rechnen, dass ich auch Schläge vom Gegner bekomme. Es gibt keinen Kampf ohne das Risiko, verletzt zu werden. Heute bleiben viele Leute lieber Zuschauer. Sie schauen den Kampf anderer an, anstatt selbst zu kämpfen. Damit ahmen sie die dekadenten Römer in der Kaiserzeit nach. Die schreien nur: »panem et circenses«. Sie verlangen nach Brot und Spielen. Sie wollen zuschauen, aber nicht mehr selbst arbeiten und nicht mehr selbst kämpfen. Die Tendenz ist heute sehr präsent. Denn das Internet lädt uns ja ein, ständig nur Zuschauer zu bleiben und nur virtuell zu kämpfen. Doch Paulus spricht nicht davon, dass wir dem Wettlauf oder dem Boxkampf anderer zuschauen sollen. Wir sollen selbst laufen und selbst kämpfen. Es braucht einen Ruck, sich auf die Anstrengung einzulassen. Es wird Schweiß kosten. Und es braucht Mut, sich auf den Kampf einzulassen. Denn ich weiß nicht, ob ich gewinne. Ich kann auch verlieren, wenn ich in eine Prüfung gehe oder wenn ich eine bestimmte Arbeitsstelle annehme oder mich auf eine Beziehung zu einem Freund oder einer Freundin einlasse. Doch es gilt das Sprichwort: Wer wagt, gewinnt.

Eine konkrete Einübung in diese Haltung des Kämpfens könnte durchaus der Sport sein. Ich gehe in einen Verein. Ich laufe oder spiele bei Wettkämpfen mit. Als Jugendlicher bin ich mit meinen Brüdern und Cousins mit dem Fahrrad in die Alpen gefahren. Damals hatten die Fahrräder nur drei Gänge. Aber wir hatten den Ehrgeiz, den Fernpass zu fahren, ohne zu schieben. Ich kann mich gut erinnern, dass dieser Kampf den Berg hinauf für mich immer auch eine spirituelle Übung war: Ich war überzeugt, dass auch mein Leben ein Kampf ist, ein Kampf mit meinen Launen, mit meinen Schwächen. Das Treten, ohne abzusteigen, war für mich eine Einübung: ich lasse nicht los. Ich kämpfe weiter. Damals dachte ich schon an den Eintritt ins Kloster. So war das Treten auch eine Einübung in die Askese, die mich im Kloster erwartete. Aber ich hatte auch Lust, mir zu beweisen, dass ich es schaffe. Das hat mir Energie gegeben.

Dritter Schritt

Sich von konkreten Bildern befreien

Die Hoffnung lässt die konkreten Bilder hinter sich. Sie legt sich nicht fest auf bestimmte Erwartungen. Manche malen sich genau aus, was in ihrem Leben eintreten müsste, dass sie gute Prüfungen schreiben, eine gute Arbeitsstelle bekommen, die richtige Freundin finden. Aber sie sind so festgelegt auf ihre Vorstellungen, dass die Realität sie nur enttäuschen kann. Und weil sich die Vorstellungen nicht so konkret verwirklichen lassen, geben sie oft auf. Die einen werden enttäuscht, weil sich ihre zu großen und zu konkreten Bilder nicht einstellen. Andere malen sich von vornherein alle möglichen negativen Bilder vor Augen. Die negativen Bilder sind dann für sie Grund genug, sich vom Wagnis zu distanzieren. Es lohnt sich ja nicht, das Leben zu wagen, weil das oder jenes eintreten könnte. Und manche erwarten gar nichts vom Leben, um nicht enttäuscht zu werden. Doch damit versäumen sie ihr Leben erst recht.

Die Hoffnung besteht darin, all diese konkreten Erwartungen zu übersteigen. Mein Leben hängt nicht davon ab, ob ich die Prüfung bestehe, diese Arbeitsstelle bekomme, den idealen Ehepartner finde und eine heile Familie gründe. Hoffnung heißt vielmehr, all diese Bilder zu übersteigen und dennoch zu hoffen, dass mein Leben gelingt, dass Gott meinen Weg segnet. Die Hoffnung hat immer mit Freiheit zu tun. Ich binde die Hoffnung nicht an konkrete Vorstellungen. Die Hoffnung atmet die Freiheit, unabhängig von den Bildern den eigenen Weg voller Vertrauen weiterzugehen.

Jeder von uns macht sich konkrete Vorstellungen vom Leben. Und das ist auch gut so. Das dürfen und sollen wir. Aber zugleich sollen wir an die Hoffnung im eigenen Herzen glauben, die uns nach vorne drängt, auch wenn diese Bilder sich nicht erfüllen. Die Hoffnung kann nicht enttäuscht werden. Das müssen wir uns immer wieder vorsagen. Dann hindern wir uns nicht mehr durch die Angst, dass unsere Bilder nicht erfüllt werden. Wir gehen mutig ans Werk und wagen unser Leben.

Vierter Schritt

Hoffen auf das wahre Wesen

Die Hoffnung zielt nicht auf bestimmte Erwartungen, sondern darauf, dass wir in die Gestalt hineinwachsen, die sich Gott von uns gemacht hat. In der Hoffnung sehen wir schon in uns den »Vor-Schein« unseres wahren Wesens, des einzigartigen Bildes Gottes in uns.

Die Hoffnung bringt uns in Berührung mit unserer Seele. Die Hoffnung beflügelt die Seele. Und sie führt uns von den äußeren Dingen weg in den Innenraum der Seele. Das ist jedoch keine Flucht vor der Realität. Vielmehr gibt die Hoffnung, die immer in uns da ist, das Vertrauen, unseren Weg weiterzugehen, auch wenn sich äußerlich manches in den Weg stellt und uns am Weitergehen hindern möchte.

Die Hoffnung kann ich einüben, indem ich durch all die chaotischen Gefühle wie Angst, Traurigkeit, Verzweiflung und Müdigkeit hindurchgehe auf den Grund meiner Seele. Und dort stelle ich mir vor, dass die Hoffnung als göttliche Tugend, als Gabe Gottes, auf dem Grund meiner Seele schon da ist. Es kommt nur darauf an, dass ich in Berührung komme mit dieser Tugend. Dann befreit mich die Hoffnung von den konkreten Ängsten, ob das oder jenes Ziel erreichbar ist, ob ich auf diesem oder jenem Weg scheitere. Mein innerstes Wesen kann nicht scheitern. Die Hoffnung gibt mir die Gewissheit, dass mein Leben gelingen wird. Vielleicht wird es anders gelingen, als ich mir das vorgestellt habe. Aber es wird gelingen. So ist die Hoffnung die treibende Kraft, die mich immer wieder ermutigt, meinen Weg weiterzugehen, auch wenn viele Erwartungen sich nicht erfüllen. Es geht nicht um die Erwartungen, sondern um mein wahres Wesen.

Fünfter Schritt

Hoffen angesichts des Kreuzes

Das christliche Paradox der Hoffnung besteht gerade im Kreuz. Das Kreuz steht für das Scheitern, für das Zerbrechen meiner Erwartungen, für alles, was mein Leben von außen durchkreuzt. Die christliche Hoffnung beruht auf der Auferstehung Jesu, die das Kreuz verwandelt. Sie bedeutet: Es gibt kein Scheitern, das nicht zu einem Neuanfang werden kann. Es gibt keine Dunkelheit, die nicht vom Licht erleuchtet werden kann. Es gibt keine Erstarrung, die nicht aufgebrochen werden kann. Und es gibt keinen Tod, der nicht zum Leben verwandelt werden kann. Die Hoffnung lässt sich also durch nichts entmutigen.

Aber das ist leichter gesagt als getan. Selbst die Emmausjünger hatten den Eindruck, dass der Tod Jesu am Kreuz ihre Hoffnung zerstört hat. Sie sagten zu dem Wanderer, in dem Jesus unerkannt mit ihnen ging:

> Wir aber hatten gehofft, das er der sei, der Israel erlösen werde.
>
> LUKAS 24,21

Sie hatten gehofft, dass Jesus ihr Erlöser sei. Aber diese Hoffnung hat das Kreuz zerstört. Jesus muss sie langsam hinführen zu dem Geheimnis, dass gerade durch Tod und Auferstehung die Hoffnung auf Erlösung erfüllt wird. Nicht die Hoffnung ist zerstört worden, sondern die konkreten Vorstellungen, die sich die Jünger von der Erlösung gemacht hatten.

Paulus kann mitten in den Verfolgungen und Anfechtungen, die er von allen Seiten erfährt, schreiben:

> Wir sind gerettet, doch in der Hoffnung. Hoffnung aber, die man schon erfüllt sieht, ist keine Hoffnung. Wie kann man auf etwas hoffen, das man sieht? Hoffen wir aber auf das, was wir nicht sehen, dann harren wir aus in Geduld.
>
> RÖMERBRIEF 8,24f

Die Realität, in der Paulus lebt, zeigt nichts von Rettung, Erlösung, Befreiung. Da sind Fesseln, Bedrängnisse, Anfeindungen, Gefahren. Doch in der Hoffnung sind wir schon heil. Die Hoffnung – so meint das griechische Wort »sozein« – bewahrt jetzt schon unser wahres Selbst. Sie schützt unser Selbst vor den Gefährdungen von außen. Wir sehen diesen inneren Schutz nicht. Denn nach außen werden wir angegriffen, beschimpft und verfolgt. Aber auch ohne den Schutz zu sehen, halten wir an der Hoffnung fest, klammern wir uns mitten in den Turbulenzen unseres Lebens an die Hoffnung. Die Hoffnung bewirkt in uns Geduld. Geduld heißt im Griechischen »hypomone«. Es ist die Haltung, Widerstand zu leisten, standzuhalten, auch wenn alles über uns zusammenbricht. Paulus lädt uns ein, uns in diese Hoffnung hineinzumeditieren. Man kann diese Hoffnung nicht durch äußere Schritte einüben. Aber wenn ich die Worte des Paulus in mich hineinfallen lasse, dann ahne ich etwas von dieser inneren Kraft, die auch durch äußere Gefährdungen und Angriffe nicht zerstört werden kann. Worte schaffen eine Wirklichkeit, wenn ich sie meditiere, wenn ich sie immer wieder in mein Herz eindringen lasse. Und auf einmal bewirken die Worte in mir die Haltung von Hoffnung und Geduld und Zuversicht. Und ich habe auf einmal Mut, mein Leben zu wagen.

Sechster Schritt

Vom Ich zum Du

Viele versäumen ihr Leben, weil sie zu sehr um sich selbst kreisen. Sie fühlen sich nicht getragen von einer Gemeinschaft. Und sie achten bei ihren Überlegungen, wie sie leben sollten, wenig auf den Aspekt der Gemeinschaft. Es geht immer nur um sie selbst, um ihre eigene Karriere, um ihre eigene Sicherheit. Der andere kommt nur in den Blick, wenn er stört. Ich setze meine Energie in das Bestreben, vor anderen als sicher und cool zu erscheinen. Die anderen machen mir Angst. Ich könnte mich vor ihnen blamieren. Sie könnten von mir schlecht reden. Sie könnten mein ungelebtes Leben kritisieren. Daher verschließe ich mich vor ihnen, damit sie mich nicht verunsichern. Doch das gelingt nicht, wie ich es mir vorgestellt habe. Denn ich bin dann doch ständig darauf fixiert, was die anderen von mir denken und wie sie mich und mein Leben sehen. Ich kann mich aus der Gemeinschaft zurückziehen, aber ich bin doch letztlich immer auf sie bezogen.

Für Gabriel Marcel ist es ganz wichtig, dass wir vom Ich zum Du kommen. Es gelingt uns nur dann, mit Hoffnung unser Leben zu gestalten, wenn wir auf das Miteinander schauen, auf die Gemeinschaft. Die Hoffnung entfaltet sich nur

> in der Ordnung des **Wir**, das heißt des Brüderlichen; wir sprechen miteinander von unserer gemeinsamen Hoffnung.
>
> MARCEL, S. 62

Ein wichtiger Lernschritt für die Hoffnung ist daher, dass wir das Kreisen um uns selbst aufgeben und das Miteinander in den Blick nehmen. Da ist einmal die Gemeinschaft der Familie, in der wir unsere Wurzeln haben. Wenn wir uns der Familie zugehörig fühlen, haben wir teil an der Hoffnung, die diese Familie seit Jahrzehnten trägt. Wenn wir uns von ihr isolieren, sind wir nur auf uns allein gestellt. Und das schmälert immer auch unsere Hoffnung. Da ist die Gemeinschaft der Freunde, und es ist die Gemeinschaft der Kirche, in der wir uns getragen fühlen. Wir brauchen das Miteinander, wir brauchen die Hoffnung des anderen, um mit unserer eigenen Hoffnung in Berührung zu kommen. Und wir brauchen die Erfahrung, dass wir getragen sind von einer Gemeinschaft, um unser Leben in Freiheit wagen zu können. Natürlich gibt es auch die Einengung durch die Familie, durch die Gruppe. Aber die Offenheit für andere eröffnet uns auch den Blick für das eigene Leben und für die Möglichkeiten, die in uns stecken.

Siebter Schritt

Übersteigen der konkreten Wirklichkeit

Die Hoffnung ist mehr als die Erwartung bestimmter Ereignisse oder Ergebnisse. Die Hoffnung übersteigt letztlich alles, was wir hier vorfinden. Sie trägt mich weiter, auch wenn ich sterbenskrank bin und die Aussicht auf Heilung nur ganz gering ist. Die Hoffnung ist eben nicht fixiert auf meine körperliche Genesung. Sie schließt die Möglichkeit des Wunders immer mit ein. Aber sie übersteigt die konkrete Situation. Gabriel Marcel schreibt:

> *Die Hoffnung erscheint hier gleichsam als eine Methode der Übersteigung, durch die das Denken sich über die Vorstellungen und Formeln erhebt, an die es sich zunächst zu hängen versucht war.*
>
> MARCEL, S. 54

Ich bin voller Hoffnung, auch wenn ich sterben werde. Die Hoffnung macht mein Leben wertvoll. Ich habe die Hoffnung auf eine wertvolle Zeit, die mir geschenkt ist. Ich habe Hoffnung auf wertvolle Begegnungen, die ich habe, solange ich lebe. Und ich habe die Hoffnung, dass mein Leben gut zu Ende geht und ich in Gott meine Erfüllung finde. Ich hoffe auf das, was ich nicht sehe, was kein Auge je geschaut und kein Ohr je gehört hat. (Vgl. 1. Korintherbrief 2,9) Die Hoffnung, die alles Sichtbare übersteigt, hat aber in der menschlichen Natur ihre existenzielle Grundlage. Ladislaus Boros, der die Philosophie Ernst Blochs in die christliche Spiritualität hineinübersetzt hat, schreibt:

> *Menschliches »Leben« heißt immer: Vorgeschmack eines anderen. Die Erwartung will in uns nicht »schlafen gehen«. Der*

> Mensch fabelt sich immer neue Wünsche aus. Sein Wesen »dämmert nach vorwärts«, hinein in das »Noch-nicht-da«. Tatsächlich arbeitet ein unzerstörbarer Trieb im Menschen in die Richtung des »guten Endes«.
>
> BOROS, S. 81

Boros meint, die christliche Hoffnung auf den Himmel, der alles Sichtbare übersteigt, würde »der innersten Seinskonstitution des Menschen« (Boros, S. 83) am meisten entsprechen.

Es ist eine gute Übung, sich bei allen Plänen, die wir für unser Leben machen, bei allen Erwartungen, die wir an unsere Zukunft haben, immer wieder vorzustellen: Ja, das möchte ich tun. Das ist mein Leben. Aber das Eigentliche kommt erst. Alle meine Planungen sind vorläufig. Meine Hoffnung geht über alles Sichtbare hinaus. Sie zielt auf das Unsichtbare, letztlich auf den Himmel.

Das ist keine Flucht vor meinem Leben, sondern gibt mir gerade Antrieb, mich auf mein Leben einzulassen, ohne Angst, dass etwas schiefgehen könnte. Die Hoffnung schenkt mir innere Freiheit, dass ich meine Lebensspur in diese Welt eingrabe, dass ich alle Kraft dareinsetze, mein Leben gut und bewusst zu leben. Aber zugleich gibt mir die Hoffnung das Gefühl, dass das noch nicht alles ist. Daher nimmt mir die Hoffnung die Angst vor dem Scheitern, die Angst, dass es doch nicht so klappen könnte. Und die Hoffnung löst meine Rationalisierungen auf, mit denen ich mich vor dem Wagnis drücke.

Weil weder meine Arbeit noch meine Beziehungen, noch meine Lebenssituation alle meine Sehnsüchte erfüllen muss, kann ich getrost und mit innerer Freiheit mich auf meine inneren Impulse einlassen. Ich muss mich nicht absichern, ob alles wirklich gelingen wird. Ich wage das Leben. Und ich habe die feste Hoffnung, dass das Leben gelingt, selbst wenn es in den Augen der Menschen scheitern sollte. Diese Hoffnung gibt mir – wie Paulus es schreibt – die Geduld, die allem standhält und alles durchsteht.

Zum Schluss

Weiterfahren auf dem Meer des Lebens

Wir haben in diesem Buch nach Gründen gesucht, warum viele Menschen ihr Leben versäumen. Wir haben Haltungen bedacht, die zum Versäumen führen. Es ist vor allem die Tendenz, sich überall absichern zu wollen. Und es ist das narzisstische Kreisen um sich selbst.

Und wir haben Ursachen bedacht, die daran schuld sind, sein Leben nicht so zu leben, wie es unserem Wesen entspricht. Da haben wir den Mangel an Sinn als eine Ursache gesehen und eine falsch verstandene Kontemplation, die den eigenen Narzissmus bestärkt, anstatt ihn zu verwandeln. Und eine andere Ursache liegt in der Tendenz, heute jedes Problem sofort mit Psychopharmaka zu lösen und sich auf diese Weise von seinem innersten Selbst abzuschneiden.

Und wir haben die Bereiche der Lebensmitte und des Alters angeschaut, in denen Menschen oft das Gefühl haben, nicht wirklich gelebt zu haben. Bei all diesen Punkten haben wir jeweils nach der Antwort Jesu gesucht. Sie gibt uns keine Ratschläge, wie wir unser Leben meistern können. Sie will uns vielmehr die Augen öffnen, damit wir eine andere Haltung für unser Leben einüben. Die Worte Jesu fordern uns heraus, das eigene Leben zu wagen und uns nicht mit der Zuschauerrolle zufriedenzugeben. Aber die Worte Jesu sind keine moralisierenden Forderungen, sie bewirken vielmehr etwas in uns. Sie bringen uns in Berührung mit der Weisheit unserer eigenen Seele und mit der inneren Kraft, die auf dem Grund unserer Seele in uns bereitliegt. Sie wecken in uns die Hoffnung auf, die gleichsam schlafend in unserem Boot liegt. Wenn die Hoffnung dann in uns aufsteht, dann verlieren die Wellen und Wogen und Stürme des Lebens an Macht. Sie bedrohen uns nicht mehr. Wir können voll Zuversicht weiterfahren auf dem Meer unseres Lebens.

Als Antwort auf die Verzagtheit, die hinter dem Versäumen des Lebens steckt, haben wir dann die christliche Tugend der Hoffnung bedacht. Unsere Zeit ist ja keine Zeit, die von großen Hoffnungen geprägt ist. Wir sind eher skeptisch gegenüber der Hoffnung. Wir wittern darin eine Haltung, die die Welt mit ihren Problemen überspringt, anstatt sich auf die Welt einzulassen. Doch das ist eine falsch verstandene Hoffnung. Die christliche Hoffnung fordert uns heraus, unser Leben zu wagen und in diese Welt unsere Lebensspur einzugraben, die diese Welt verwandelt, die sie heller und wärmer und menschlicher macht. Und die Hoffnung befähigt uns, auch um uns herum Hoffnung zu verbreiten. Nur ein Leben, das von Hoffnung geprägt ist und das Hoffnung vermittelt, ist ein wertvolles Leben – so sagt es Ernst Bloch.

Ich möchte mit diesem Buch niemanden kritisieren. Ich wollte nur Tendenzen beschreiben, die mir im Gespräch mit vielen Menschen aufgegangen sind. Manch einer mag beim Lesen in sich ähnliche Tendenzen wahrnehmen. Das Buch könnte so ein Spiegel sein, in den die Leser und Leserinnen schauen, um sich selbst zu erkennen. Aber zugleich sollen sie in diesem Buch auch Wege entdecken, wie sie ihr Leben in die Hand nehmen können. Und es ist mir ein Anliegen, dass die Leser und Leserinnen beim Lesen mit ihrer eigenen Kraft in Berührung kommen, dass sie auf einmal Lust bekommen, ihr Leben zu wagen, anstatt es zu versäumen. So möchte mein Buch in den Lesern und Leserinnen die Hoffnung wecken auf ein erfülltes und gelingendes Leben, auf ein Leben der Hingabe und der Liebe und auf ein Leben, das uns frei macht von dem ängstlichen Kreisen um uns selbst.

Es würde mich freuen, wenn die Leser und Leserinnen die Gedanken in diesem Buch als Einladung verstehen, nicht mehr der Vergangenheit nachzutrauern, sondern mutig und zuversichtlich in die Zukunft zu schreiten. Es ist nie zu spät, anzufangen. Auch wenn ich noch so viel versäumt habe, so kann ich doch in jedem Augenblick damit beginnen, bewusst zu leben. Und dann bekommt auch das Versäumte seinen Sinn. Das ist für mich der Sinn der Verwandlung: Alles darf sein, auch das Versäumte darf sein. Aber ich halte alles Gott hin, in dem Vertrauen, dass Gottes alles mit seinem Geist der Liebe und Hoffnung durchdringt und verwandelt. Das Ziel der Verwandlung ist, dass das einmalige Bild, das Gott sich von mir gemacht hat, in mir immer mehr zum Vorschein kommt.

Verwandlung ist die christliche Antwort auf das hektische Bemühen um ständige Veränderung, das viele auf ihrem spirituellen und auf ihrem therapeutischen Weg umtreibt. Verändern hat eine aggressive Note. Ich muss ganz anders werden. In der Veränderung liegt immer auch eine Ablehnung meiner selbst. Ich bin so, wie ich bin, nicht gut. Verwandlung ist sanfter. Alles darf sein. Ich würdige mein Leben, so wie es geworden ist, auch mit all dem Versäumten. Doch zugleich bin ich voller Hoffnung, dass Gottes Geist alles in mir verwandelt und in die einmalige Gestalt hineinbildet, die ich vom Ursprung her bin.

Verändern bewirkt in mir immer Schuldgefühle. Ich habe alles falsch gemacht. Verwandlung befreit mich von Schuldgefühlen. Ich denke nicht mit Schuldgefühlen an das Versäumte zurück, sondern mit dem Ansporn: Ich will mein Leben wagen. Ich riskiere es, mich einzusetzen, mein Leben aufs Spiel zu setzen, so wie es mir Jesus vorgemacht hat. Und ich vertraue darauf, dass es sich auf jeden Fall lohnt, das Leben zu wagen, ganz gleich, wie die Reaktionen von außen auch ausfallen mögen. Entscheidend ist, dass ich das Leben, das Gott mir zugetraut hat, auch wirklich lebe und so meine einmalige Lebensspur bewusst in diese Welt eingrabe. Ich wünsche Ihnen, liebe Leserinnen und Leser, dass Ihre Lebensspur eine Spur der Hoffnung und Zuversicht, des Vertrauens und der Liebe in dieser Welt hinterlässt und dass durch Sie diese Welt ein wenig heller und hoffnungsvoller, wärmer und liebevoller wird.

Quellen und Hinweise zum Weiterlesen

Ladislaus Boros: Aus der Hoffnung leben. Zukunftserwartung in christlichem Dasein. Mainz 1992.

Viktor Frankl: Der Mensch auf der Suche nach Sinn. Wien 1989.

René Goetschi: Der Mensch und seine Schuld. Das Schuldverständnis der Psychotherapie in seiner Bedeutung für Theologie und Seelsorge. Einsiedeln 1976.

Walter Grundmann: Das Evangelium nach Matthäus. Berlin 1968.

Ludwig von Hertling: Lehrbuch der aszetischen Theologie. Innsbruck 1930.

Grégoire Jotterand: Mystik als Heilsweg. Von narzisstischer Grandiosität zur Demut am Beispiel des »Kleinen Weges« der Sainte Thérèse de Lisieux. Freiburg 2007.

Die Kunst, sinnvoll zu leben. Bericht über die Jubiläumstagung zum 90. Geburtstag von Viktor Frankl. Tübingen 1996.

Otto F. Kernberg: Narzißmus, Aggression und Selbstzerstörung. Fortschritte in der Diagnose und Behandlung schwerer Persönlichkeitsstörungen. Stuttgart 2006.

Friedrich Kümmel: »Hoffnung«, in: Theologische Realenzyklopädie, Band 15, Berlin 1986.

Manfred Lütz: Irre. Wir behandeln die Falschen. Unser Problem sind die Normalen. Gütersloh 2009.

Gabriel Marcel: Homo viator. Philosophie der Hoffnung. Düsseldorf 1949.

Ursula Nuber: Die Egoismusfalle. Warum Selbstverwirklichung so oft einsam macht. Zürich 1993.

Antoine de Saint-Exupéry: Die Stadt in der Wüste. Düsseldorf 1959.

Hans Schmid: Jeden gibt's nur einmal. Stuttgart 1981.